東京大学教養学部 編

知のフィールドガイド

科学の最前線を歩く

白水社

知のフィールドガイド

科学の最前線を歩く

科学の最前線を歩く

目　次

6	「知識」から「教養へ」	石井洋二郎

I 生を見つめなおす

10	時間とは何だろう	
	——ゾウの時間 ネズミの時間	本川達雄
22	近代科学と人のいのち	渡部麻衣子
36	死後の生物学	松田良一
50	歴史の謎をDNAで解きほぐす	
	——リチャード三世とDNA	石浦章一
62	植物はなぜ自家受精をするのか	
	——花の性と進化	土松隆志
75	iPS細胞からヒトの臓器をつくる	
	——再生医療実現のための工学	酒井康行

II 自然の叡智に学ぶ

92	飛行機はどうして飛べるのか	
	——未来の航空機を考える	鈴木真二
105	柔らかいロボットをつくる	
	——粘菌に学ぶ自律分散制御	梅舘拓也
118	匂い源探索ロボットをつくる	
	——昆虫科学が拓く新しい科学と技術	神崎亮平
130	きのことカビとバイオマスと	
	——微生物の酵素によるバイオマス利用	五十嵐圭日子
142	宇宙で電気をつくる	
	——宇宙太陽光発電と地球のエネルギー問題	佐々木進

III 日常に寄り添う

- 156 ヒトのこころの測定法 | 四本裕子
- 169 音の科学・音場の科学 | 坂本慎一
- 180 美肌の力学
   ——工学でシワを予測する | 吉川暢宏
- 191 建築のデザインという学問 | 川添善行
- 203 ネコの心をさぐる
   ——比較認知科学への招待 | 齋藤慈子

IV 宇宙の根源を問う

- 218 超新星ニュートリノで探る大質量星の最後の姿
   ——超新星爆発 | 川越至桜
- 230 素敵な数、素数 | 寺杣友秀
- 246 地球と生命の共進化
   ——多細胞動物の出現とカンブリア爆発 | 小宮剛
- 258 宇宙のかたち
   ——数学からのチャレンジ | 河野俊丈
- 270 ニュートリノの小さい質量の発見 | 梶田隆章

- 290 あとがき　松田良一

デザイン＝小林剛（UNA）
組版＝鈴木さゆみ
編集協力＝西川真梨恵
編集＝堀田真＋竹園公一朗＋轟木玲子

「知識」から「教養」へ

東京大学理事・副学長　石井洋二郎

　昨今はしきりに「教養」の重要性が口にされるようになった。じっさい多くの大学では、文理を問わず多様な分野の勉強をすることが教養教育の基本的な理念として掲げられている。狭い専門の殻に閉じこもるのではなく、幅広い視野を養い、偏らない知識を獲得することが現代人として必須であるというのが、およその共通理解であるといって間違いではなさそうだ。これは学生だけでなく、社会人にとっても同じことだろう。

　確かに私たちが直面しているさまざまな課題はますます複雑な様相を呈しており、従来の学問的な枠組みで単純に切り分けることは困難になっている。原発事故の問題に原子力工学だけで対応することはできないし、経済格差の問題に経済学だけで対応することはできない。だからどんな仕事をするにしても、自分とは異なる分野に広く目配りし、バランスのとれた知見を身につけておくことが不可欠である。

　ただし、それで十分なわけではない。ただ闇雲に知識を頭に詰め込んでみても、それぞれが切り離されて孤立した状態にとどまっている限り、しょせんは単なる雑多な情報の寄せ集めにすぎないからだ。重要なのは、ある問題を前にしたとき、あちこちに点在する知識を動員し、たがいに繋ぎあわせ、課題解決に資する思考のツール

としてそのつど構造化することである。そのようなものとして組織化された体系を、ここでは個々の「知識」と区別して「知」と呼んでおくことにしよう。

　では、ばらばらの断片的な「知識」を統一的な「知」へと織り上げていくには何が必要なのか？　世にあふれる膨大な情報の大海にいきなり放り出されても、多くの人々はそこから何を取捨選択すればいいのか判断できないまま、ただ途方に暮れるしかないだろう。無数の知識の中からそのつど適切なものを選び出し、それらを有機的に連関させるためには、過去の学問的な蓄積の全体像を俯瞰する総合的な視座が不可欠だ。そしてそれこそが、こんにち求められている「教養」にほかならない。

　『知のフィールドガイド』と題された2冊の書物に収められた一群の文章は、いずれもそのような意味での「教養」を共通の基盤として書かれている。おおざっぱにいえば「分断された時代を生きる」が文系、「科学の最前線を歩く」が理系に相当するが、もとよりこうした二分法に実質的な意味があるわけではない。むしろ自明のように思われている既成の枠組みを疑ってみること、いっさいの先入観を捨てて、すでに引かれている境界線の根拠自体をあらためて問い直してみる姿勢こそが、これらの文章を貫く横糸である。

　周知のとおり、「教養」を意味するcultureという英語は「耕す」cultivateという動詞に由来する。したがって「フィールド」fieldという言葉も、「分野」「領域」である前に、まずは「畑」すなわち「耕すべき土地」という意味で解するべきだろう。土地はそのまま放置しておけば荒れ地になってしまうが、絶えず地面を掘り起こして不断に耕してやれば肥沃になり、豊かな作物を実らせることができる。だから私たちは、単にさまざまな「知」の配置を抽象的な見取り図として視覚的に把握するだけでなく、自分の足で複数のフィールド

を歩き回り、畑ごとに異なる土の匂いを嗅ぎ、さらには指先で土に触れ、鍬を手にして実際に土地を耕してみることが必要なのだ。そうすることではじめて、「知識」という種子から「教養」という果実を実らせることが可能になるだろう。

　多様な「知のフィールド」を縦横に駆け巡り、その豊饒さを五感で味わい、やがてはみずから新たなフィールドを開拓したいと願う読者にとって、これら2冊の書物が有用な羅針盤となることを願っている。

2017年6月19日

I 生を見つめなおす

時間とは何だろう
——ゾウの時間 ネズミの時間

本川達雄

絶対時間と代謝時間

　時間とは時計で計るものであり、万物共通のものと皆さんは考えているだろう。その背景にあるのが古典物理学の絶対時間。何ものにもよらず一定速度で一直線に一方向に進んで行って戻らない、直線的な時間が絶対時間である。ところが生物のことを考えると、そういう見方だけでいいのかと疑問に思えてくる。そう思うきっかけは、30歳の時に琉球大学に職を得たこと。琉球大学には、瀬底島という小島に生物の研究所がある。そこでナマコの研究を始めた。ナマコは近づいても逃げないし、触っても暴れない。殻で身を守ってもいない。なのに外敵に喰われもせずたくさんいる。これは変だ。そこでまず、ナマコは1日何をしているかを海の中で観察することにした。ところが見ていても全く動かない。動かないナマコをじーっと見ているなんて、とてもやってられないなあと思いつつ、何とか見続けていた。そうしているうちに妄想が湧いてきたのである。「僕みたいに少しの間もじっとしていられない人間に流れている時間と、こんなノテーッとしているナマコに流れている時間と、本当に同じものなのか？」もちろん概日リズムという、地球の自転に合わせたリズムはどの動物にもある。しかしそれは正確に24時間ではなく、動物によってばらついている。また、そのリズムを使ってど

れだけ時間がたったかを正確に感じとっていないのは、われわれ皆が腕時計を持たざるを得ないことでも分かる。

　ミヒャエル・エンデに『モモ』（大島かおり訳、岩波書店）という時間泥棒の話がある。これにマイスター・ホラという時の番人みたいな老人が出てきてこんな台詞を述べる（ちなみに「ホラー」はギリシャ神話の時の女神の名）。「光を見るためには目があり、音を聞くためには耳があるのとおなじに、人間には時間を感じ取るために、心というものがある」。心（言語では Herz、つまり心臓）が時間を感じるとする考えは、古く、アリストテレスまで遡れる。彼は、「時間とは前後に関しての運動の数」だとする（「自然学」）。運動とは変化である。時間には方向があり、ある時点から次の時点へと流れていくが、その間にいくつ変化（イベント）があるかを数え、たくさんイベントがあれば、時間がたくさんたったなと感じる。そして、そのイベントの数を計っているのが心（プシュケー）。だから、「心がなかったら時間はあり得ない」と彼は言う。アリストテレスは、時間を共通感覚の一種だとする。イベントが起きていることは、眼で見ても音を聞いても、また、（もし虫が掌の上を這っていく1歩1歩がイベントなら）触覚を通しても分かる。これらさまざまな個別の感覚器官に由来する共通の要素（この場合は時間）が共通感覚であり、それを感じるのが心で、心の座は心臓にあるとアリストテレスは考えた（山本光雄『アリストテレス』岩波書店）。ここから素直に想像をふくらませれば、心臓が拍動で時間を数えて感じ取るという、エンデの言い方になるだろう。これが正しければ、心拍数が異なれば、時間も異なることになる。

　図を見てもらおう。これはハツカネズミからゾウまで、さまざまな大きさの動物の心臓の1拍の時間（心周期）と体重の関係を図にしたものである。縦軸も横軸も対数の両対数グラフ。だから1目盛

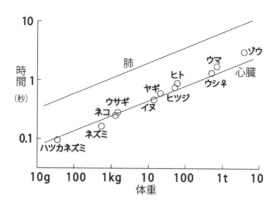

り増えると値が10倍になることに注意して欲しい。体重と心拍の時間は右上がりの直線になっており、身体が大きいものほど1拍の時間が長い。ただし両対数グラフで直線だということは、正比例ではなく、時間は体重のベキ乗の関係になることを意味する。直線の傾きがベキの乗数を表し、この場合は0.25（すなわち$\frac{1}{4}$）。つまり心周期は体重が10倍になると約2倍長くなる、さらにまた体重が10倍になると約2倍長くなる。

　心臓の直線の上にもう1本、肺の動き、つまり1呼吸に要する時間（呼吸周期）のグラフも載せてあるが、これも下とほぼ平行。だから呼吸周期も体重の$\frac{1}{4}$乗にほぼ比例している。じつは身体の中で起こっている繰り返しの時間は、かなり多くのものが体重の$\frac{1}{4}$乗にほぼ比例する (Calder. *Size, Function, and Life History*, 1984)。たとえば、心臓から血が出発して体内を一巡してまた心臓に戻るまでの時間、哺乳類の懐胎期間、成獣になるまでの時間、寿命など。つまり、ネズミのような小さなものは何をするのも早く、ゾウのような身体の大きなものは何をするにも時間がかかる。ここで注意して欲しいのは、これらはすべて繰り返して元に戻る、つま

り回転している現象の周期である。寿命も世代交代の周期とみなせ、成獣に達する時間や懐胎期間も、寿命に連動している回る時間の一部だと考えられるだろう。こういう回る時間の周期を動物の時間ととらえると、動物の時間は、それぞれの動物の身体サイズごとに異なると思わせる結果である。

　身体のサイズが変われば何がどう変わるかという研究を「動物スケーリング」と呼ぶ。この分野は、19世紀に、身体サイズによりどれだけ餌の量が変わるかの研究から始まった。動物が餌を食べるのは、餌からエネルギーを得る必要があるから。食事量とエネルギー消費量とは正比例しているため、身体の大きさとエネルギー消費量との関係を調べてみたのである。

　エネルギーを使うのは個々の細胞である。これは生物体の構成要素であり、その大きさも重さも身体の大きさにほとんどよらない。だから身体の「基本構成粒子」が細胞だとみなせるだろう。そこで動物が違っても細胞は同程度のエネルギーを使うと仮定してかまわないと思われる。細胞数は体重に比例するから、体重あたりのエネルギー消費量は、どの動物でも同じだと期待されるわけだ。ところが実際に測ってみると、身体の大きいものほどエネルギーを使わない。体重当たりのエネルギー消費量は、体重の$\frac{1}{4}$乗に反比例するのである。

　これは大きな身体中の細胞ほどエネルギーを使っていないことを示している。エネルギーは物理学的には仕事量と等価だから、結局「大きな組織の中の構成員はさぼっている」という、思い当たる節のある普遍的結論にたどりつく。基本粒子のふるまいを理解し、それをそのまま粒子の数だけ足していけば、その粒子から構成されたシステムのふるまいも理解できるとするのが要素還元主義であるが、そう簡単にはいかないぞというのがこの結果であり、こんなと

ころに魅力を感じて、私は大学院時代からサイズの生物学を「趣味として」勉強してきた。

結局、エネルギー消費量は体重の$\frac{1}{4}$乗に反比例し、時間の方は体重の$\frac{1}{4}$乗に正比例する。だから、時間とエネルギー消費量は反比例することになる。時間の逆数は時間の速度と考えられるから、「エネルギーを使うと時間が速く進む」。同じ時計の時間の間に、エネルギーを多量に使ってたくさん仕事をしていれば、生きているペースが速いと言ってもいいだろう。そこで、この生活のペースをエネルギー消費量（すなわち代謝率 metabolic rate）で表して、これを「代謝時間 metabolic time」と定義し、これで動物の生活の時間としたらどうかと私は提案している（拙著『時間』NHK ライブラリー）。ちなみにアリストテレスが、心臓が変化を数えているとした「変化」の原語はメタボレー。そこを意識した命名である。

代謝時間を使うと、心臓をもたないナマコのような動物の時間も、われわれのものと比較できるようになる。ナマコのエネルギー消費量を計ってヒトと比べると、なんと50分の1。だからナマコの時間はわれわれに比べ、50倍もゆっくりだということになる。われわれが1時間でやる仕事を、ナマコは50時間、つまり2日かけてやっている。道理でナマコは、いくら見ていても何もしないわけだなあと、こんな計算をしてみて納得できたのだった。

生物の本質

なぜ時間とエネルギー消費量とが関係するのだろうか？ ここには生物の本質が関わっているというのが以下の議論である。生物の歴史は約40億年。私たちは、40億年前に生まれた生物の直系の子孫だと考えられている。ということは生物がこの40億年間、死

に絶えることなく今の私たちにまで延々と繋がっているということだ。40億年も続いているものって、何かある？　と問えば、答えに窮するだろう。大陸だってそんなに続かない。これほど生物が続いているということは、「生物は続くようにできている」と考えてよいのではないか。

　ずっと続くことが生物の最も重要な特徴であると小生は考える（この文では以下に「私」という特別な使い方が出てくるので、混同する場所では、筆者自身のことは小生と書く）。さて、生物は極めて精巧なものであり、そんなものがずっと続くようにするにはどうしたらよいだろうか。個体は、当然、死んでしまう。それなのにずっと続くとはどういうことなのか。

　これは建築物にたとえるとイメージしやすい。建築物がずっと続いていくためには、どういう建て方があるかを考えてみよう。絶対に壊れないものを建てればよいのだが、それはできない。熱力学の第二法則があり、エントロピーは増大する。秩序あるものは必ず無秩序になり、形あるものは必ず壊れていって、ずっと続くことはない。

　必ず壊れるなら、壊れたら直し壊れたら直しと直し続けていけばいい。このやり方で続いているのが法隆寺。世界最古の木造建築で、1300年続いている。ただし続いていると言っても、じつに使いにくい。いつ壊れるか知れない部分と新しく直した部分とがごっちゃになっているのだから、おそるおそるしか使えない。つまり新築当時の機能は保たれていないのである。ここでは生物のたとえとして建物を使っているが、生物の場合、機能が衰えては困る。たとえば老いて足が遅くなったら、たちまち野獣に食われてしまう。

　機能が衰えずにずっと続いていく建物はどうやったら造れるだろうか。実はそういう建物がある。伊勢神宮だ。伊勢神宮は20年ごとに全く同じに建て替えて新品に更新する。更新を繰り返して

1300年続いてきた。

　じつは生物が伊勢神宮方式なのである。子供をつくることが建て替えに対応する。身体を新品に更新しながら続いていくのが生物のやり方であり、体を更新する際には、もちろん多大なエネルギーが必要になる。だから身体を更新する速度、つまり世代交代の速度とエネルギー消費量とは正比例するだろう。そこで時間の速度とエネルギー消費量は正比例することになるわけだ。エネルギーを注ぎ込んで真っさらな状態に戻してやる、つまり時間を回して元の状態に戻す。そうやってくるくる回っていれば続く。こうして生物は40億年も続いてきた。

　日々の身体内の反応においても、やはりエネルギーを注ぎ込んで時間を元に戻すという例がたくさん見られる。たとえば筋肉の収縮。筋細胞内で、ミオシン分子の頭がアクチン分子を捕まえてカクンと首を振る。すると筋肉がわずかに縮む。首を1回振るごとにアデノシン3リン酸（ATP）のエネルギーが使われる。カクン・カクン・カクンと早く首を振ればより多くのエネルギーが消費され、より速く筋肉は収縮する。つまり収縮時間の速度とエネルギー消費量とが正比例する。首を振ることは働いて壊れたと言っていいだろう。そこにATPのエネルギーを注入して首を振る前の元の壊れていない状態に戻してやる。そうすることにより、筋肉はずっと働いていける。筋肉は個体のエネルギー消費量の$\frac{2}{3}$をも占めているのだから、身体の時間の速度がエネルギー消費量に比例する関係が生じるのは、もっともなことだろう。このミオシンの首の回転をミオシンサイクルと呼ぶが、このようなサイクルを描く化学反応が、生体の反応の中心の位置を占めている。エネルギーを体内で生み出す中心にあるクエン酸回路、光合成の中心にあるカルビン回路等々。回して元に戻って働き続けて行くというのが生物の根本デザインであり、

時間も回るのが生物の基本なのだと小生は確信している。

　生物と伊勢神宮の関係に気づいたのは、40代半ばに初めて伊勢の内宮にお参りしたおりのこと。正宮に参った後に、なんで式年遷宮なんていう建て替えをやるのだろうかと、踏まぬ石の石段の下でかなり長いこと考えていた時のことだった。突然ひらめいたものだから、これは神様からの啓示だと、いたく感激しましたね。

「私」とはなんだろうか

「ちょっとまった」と声がかかるだろう。子は親そっくりではない。ほとんどの場合、身体を更新する際に有性生殖を行い、雌雄で遺伝子を混ぜ合わせる。だから子は親にそっくりではなくなってしまう。もし自分そっくりの子をつくってずっと同じものを続けていきたいのなら、無性生殖をすればいい。なぜそうしないのだろうか。

　もし今の「私」そっくりの子をつくってしまったら、それは続かない。環境が変化したら今の「私」が新しい環境で生きていける保証がないからである。そこで、ちょっとだけ自分と違う子をいくつかつくる。つまり「私」に多様性をもたせて新たな「私」をつくる。そうすると子の「私」のうちのどれかは新しい環境でも生きていけるだろう。また、同じ「私」をつくり続ければ、そんな「私」をターゲットとした寄生虫や病原菌も進化してくるだろう。有性生殖をすればそれも避けられる。生物は有性生殖を行い、つねに環境に適応し続けてきたからこそ、地球の環境がこれだけ変わっても、40億年も絶えずに続いてこられたのだ。

　有性生殖の意義についてアリストテレスはこう言っている。「生殖することは……永遠なもの、神的なものにできる限り与るために自分自身のような他のものを作ること」(「霊魂論」)。神は不死であ

り、ずっと続くものである。生物はそういうものに与りたい、そういうものに似て、ずっと死なないで生きていきたい。でもこの世では熱力学の第二法則があるから、ずっと死なないためには体を更新せざるを得ない。それも、自分と同じものを更新したのでは環境の変化に対応できずに亡びるから、自分自身のような他のものをつくる。するとずっと続いていける。これが有性生殖の意義だとアリストテレスは言っているのである。アリストテレスは「自分自身のような他のもの」と言うが、そこを小生は、〈少しだけ違う「私」〉と言い直したい。すると、子をつくる時に「私」に多様性をもたせると「私」はずっと生き続けることができる、これが有性生殖の意義だ、と言い換えられる。アリストテレスは、個体は続かないが種としては続くと考えていた（「動物発生論」）。現代生物学では、種は続かず、続くのは遺伝子だと考える。ただし遺伝子を主役にしてしまうと、私たちにとって最も大切なこの個体というものが、ごくわずかの重要性しかもたなくなってしまう（ドーキンス『利己的な遺伝子』紀伊國屋書店）。小生はそういう考え方は常識に反した健康的ではないものだと思っており、あくまでも個体を主役にして考えたていきたいのである（拙著『生物的多様性』中公新書）。

社会生活の時間と時間環境問題

　ここまでは動物の時間の話である。この代謝時間の考えをもとにして、私たち現代人の暮らしの時間はどうなのかを、ここからは考えてみたい。「エネルギーを使えば時間が速くなる」という関係は、社会生活の時間にも当てはまりそうだ。私たちは車・携帯・コンピュータなど、便利な機械に取り囲まれて暮らしている。便利とは、それを使うと所要時間が短くなることであり、これらの機械は

エネルギーを使うのだから、エネルギーを使って時間を速めていると言っていい。世の中は、より便利により速くと、速い方向へとひた走っているのだが、ここで考えてみなければいけないのは、「より速い」＝「より幸福」かという疑問である。

　現代日本人一人ひとりは、身体が食べて取り込むエネルギーの30倍ものエネルギーを使っている。もし社会生活の時間もエネルギー消費量に正比例して速くなると仮定すれば、縄文人よりも30倍速い時間の中で暮らしていることになるだろう。しかし、身体の時間は変わったわけではない。だから身体の時間と社会生活の時間の間に大きな乖離が存在することになる。

　時間とは、その中でわれわれが生きていく環境の重要な要素だろう。これを私は時間環境と呼んでいる。環境は安定していてこそ、その中で安心して暮らしていけるし、もちろん私たちが適応可能なものでなければ困る。ところが現在、エネルギーを使ってどんどん時間環境は速くなっており、安定しておらず、もはや適応可能な範囲を超えて速くなりすぎているのかもしれない。これは「時間環境の破壊」と言っていい事態ではないか。だからこそこれだけ便利に豊かになったのに、通勤電車には疲れた顔があふれ、毎年3万人近くの自殺者が出るのではないだろうか。時間環境をもう少しゆっくりにする必要がある。そしてそれは簡単。エネルギー消費量を減らせばいい。そうすればエネルギー問題も解決し、地球温暖化も解決する。生活の速度を落とせば、物資の生産速度や消費速度も抑えられるから、資源の枯渇も環境汚染の心配も減り、熱帯雨林の開発もしなくて済む。そうなれば生物多様性の問題だって解決する。現在問題になっているすべての環境問題は、時間環境問題から生じているというのが私の見方である。

　私は40歳の時にデューク大学に御世話になった。隣が動物生理

学の巨人クヌート・シュミット゠ニールセンの研究室で、彼には動物スケーリングに関する影響力のある本がある（読書案内）。時々彼と一緒に昼飯をとることがあった。そのおり「時間 time はサイズの違う動物で違う」と言ったら、ニタッと笑って「お前の言うのは本当に time か？　繰り返しの時間は cycle じゃないか」。そこでハタッと思い至った。共通の直線的な時間だけが time なのであり、その中でいろいろなものがくるくる回って生をいとなんでいるペースなど、西洋人は time とは呼びたがらないのではないか。キリスト教においては、世の創造から終末まで一直線に進む神の時間のみが time と呼ぶに価するもので、唯一の Time（God のように大文字にする）のみが存在するのがキリスト教の世界なのだろう。このような時間観がニュートンにより古典物理学に持ち込まれたのが絶対時間なのである。

　唯一神信仰は、唯一時間信仰を伴うものであり、何をしてもこの共通の時間は変わらないという強い思い込みが西欧には存在していると強く感じた。デュークから帰国後、『ゾウの時間ネズミの時間』という新書を上梓し、これがよく売れた。このことを日本で再会したクヌートに言ったところ、「信じがたい。時間が違うなんていう考えは、ぼくらの神経を逆なでする」とのこと。時間は自然科学のみならず、人文科学や宗教も関わり、また個人の心情や世界観とも関係する問題なのだと痛感させられた。時間環境問題が現代社会の大きな問題だと私は思っているのだが、そのような時間が変わるという視点を西欧人はもちにくい。だからここに、回る時間や時間の多様性という見方のできるわれわれ日本人の出番があると思っている。

　また、今の私の幸せを最重要視するのが西洋近代の個人主義だが、その考えでは次世代の幸せに目が行きにくい。地球温暖化問題も日本の赤字国債の問題も、そもそもはここに原因があると思う。この

ままでは国も地球も続いていかないし、「私」の存続もおぼつかないだろう。「私」がずっと続くことが生物の本質なのであり、それを式年遷宮という儀式で教えてくれているのが神道なのだと小生は思っている。時間にしても「私」にしても、生物に基礎をおいた発想が、科学のみならず、国の政策にも一人ひとりの生き方にも重要なものなのだと、強く思っている。この思いを若い方々に伝えたくて（東大の人間ではないにもかかわらず）講座や執筆を引き受けさせていただいた。この機会をお与え下さった関係各位に感謝する。

プロフィール

本川達雄（もとかわ　たつお）
1948年生まれ。東京大学理学部生物学科（動物学）卒。東京大学助手、琉球大学助教授、デューク大学客員准教授を経て1991年より2014年まで東京工業大学大学院生命理工学研究科教授。現在、東京工業大学名誉教授。専門は生物学、とくに棘皮動物（ナマコ・ウニなど）の研究。

読書案内

◇本川達雄『ゾウの時間 ネズミの時間——サイズの生物学』（中公新書、1992年）
　＊動物スケーリングの入門書。時間以外にもサイズの影響の大きさに気付かせてくれる。（自分で言うのもなんですが、ベストセラーかつロングセラー。）

◇本川達雄『生物学的文明論』（新潮新書、2011年）
　＊生物とは、このような体のつくりをもち、このような生活をしているものだということをふまえ、それと比較して現代社会を批判的に眺めた書。時間の話題も大きく取り上げてある。

◇シュミットニールセン『スケーリング：動物設計論——動物の大きさは何で決まるのか』（大原昌宏訳、コロナ社、1995年）
　＊動物スケーリングがいかに重要で面白い分野であるかを、世界の生物学者に気付かせた名著。

近代科学と人のいのち

渡部麻衣子

はじめに

　ヒトの受精卵を、あなたは、思い浮かべることができるだろうか。
　おそらく、薄い膜に包まれた丸い透明の粒が、今あなたの脳裏に浮かんでいるのではないかと思う。そして、その粒が分裂を繰り返しながら、次第に胎児の形となっていくことも、すでにあなたは知っているだろう。
　けれど、発生の過程にある受精卵を自然状態で見たことのある人は、どこにもいない。なぜなら、受精卵が子宮に着床し、胎児へと発達する過程はすべて、自然状態では女性の体内で生じる出来事だからだ。
　かつては、たとえば胎児がどのように発達し、どのような子どもが生まれるのかということは、人知を超えた、神のみが知り得ることだった。キリスト教の教典である新約聖書の物語の中には、イエス・キリストの母である聖母マリアがイエスを身ごもっていると天使に知らされる「受胎告知」の場面が記されている。様々な画家によって描かれてきた、キリスト生誕の神秘を示すこの重要な場面で、天使ガブリエルはマリアに次のように告げる（図1）。

　　マリア、恐れることはない。あなたは神から恵みをいただいた。あなたは身ごもって男の子を産むが、その子をイエス

と名付けなさい。その子は偉大な人になり、いと高き方の子と言われる。　　　　　　　　　（ルカによる福音書1章：30-32）

　ここで天使はマリアに、彼女が「身ごもっている」ということ、胎児が「男の子である」ということ、そしてその子が「偉大な人になる」ということを告げている。こうしたことを神が天使を遣してマリアに知らせたということに特別な意味が生まれるのは、通常これらが人には知り得ないことだからだ。

　さてしかし、現在、人は妊娠検査薬というものを使って、早ければ妊娠の第5週目から、妊娠していると知ることができる。そして技術的には7週目から、胎児の性別やその他の状態を知ることも可能だ。それらを可能にしているのは、そのままでは目に見えない事象を知ることを可能にする近代科学の視座である。そして、この視座によって得られた知識は、さらに今、受精卵の遺伝子を操作することをも可能にしている。

　近代科学は、自然の状態では目には見えない事象を見えるようにし、それがどのように生じているのかを知ることを可能にしてきた。

図1　レオナルド・ダ・ヴィンチ『受胎告知』

そして、どのように生じているかを知ることで、事象を人の手で制御し、また変容させることも可能としてきた。近代科学とは、ひと言で言うならば、自然の事象を理解し変容させる基礎となる知識を生み出す1つの方法である。本稿では、はじめにそれがどのような方法であるのか、その成り立ちを示す。そして、それが特に人のいのちをどのように変容させているのかを見ていくことにする。

近代科学の成立

「考える力」の発見と発達

　近代科学の萌芽は、15世紀から16世紀にかけて、ルネサンスと呼ばれる文化的転換期の最盛期にあったヨーロッパに登場する。そして、20世紀初頭までの長い時間をかけて、知的制度として発展し、確立された。この時期、グーテンベルクによって活版印刷技術が開発され、キリスト教に関わる本や哲学書が印刷され、書物の普及がはじまった。そして、それまではラテン語が主であった聖書を、マルチン・ルターがドイツ口語に翻訳した『ルター聖書』もこの印刷技術を用いて印刷され、16世紀半ば以降に広く読まれた。ラテン語に通じた神学の専門家でなくても聖書を読むことができるという環境は、マルチン・ルターの先導した宗教改革を進める重要な原動力となった。

　この宗教改革において、ルターが主張したのは、「信仰における人の主体性」だった。聖書を読むこともできない人々が神に依り頼むには、神の言葉を伝える教会に依り頼むしかない。教会はこれを利用し、罪は、直接的な神の赦しによってではなく、教会から免罪符を「買う」ことで贖えるとし、免罪符を販売していた。これを、ルターは批判した。そして、神の赦しを自分自身で「積極的に信じ

る」ことこそ信仰だと主張したのである。人が主体的に神の赦しを信じると言うには、人にはそれぞれに自ら考える力がある、ということを前提にしなくてはならない。つまりルターは、人に「主体的に考える力」を見出したのである。これは、人知を超えるように思われる事象を、「神の御業」として受け入れるのではなく、人が主体的に考えて理解しようとする、近代科学へと通じる態度を基礎付けていると言える。

「人が主体的に考える力」の価値は、続く時代に、「演繹法」を提唱したルネ・デカルトや「帰納法」を提唱したフランシス・ベーコンといった偉大な哲学者等によってさらに明確にされた。特に、1637年にルネ・デカルトが発表した『方法序説』は、デカルトが自身の経験に基づきながら、どうすれば一人の人の「考える力」を導き生かすことができるのかを記した書物として重要だ。ここに、よく知られた「我思う故に我あり」という言葉が出てくる。

観察のための「道具」の発達

一方この時期、望遠鏡と顕微鏡という近代科学の発展を支えた2つの道具が開発された。この2つはともに、肉眼では見ることのできない対象を見るための道具だ。

肉眼では見えないものを「見える」と言い、そこに法則を発見したという主張を信じてもらうには、実は大変な労力を要する。既に世の中のほとんどの人が信じている法則が別にある時には特に。ガリレオの悲劇はあまりに有名だろう。しかし教会に逆らったガリレオが神を信じていなかったわけではない、ということはあまり知られていない。ガリレオは、神を信じてはいても（おそらくはだからこそ）、教会の圧力に屈して「自分の考える力」によって見出した真実を捨てることはなかった。そして、肉眼では見ることのできな

い自然の法則を器具を用いて観察することで証明し、さらにその結果を記述することで他者と共有する、という近代科学の原型を作った。

　顕微鏡で見た小さなものを書物の形で最初に世に知らせたのは、ロバート・フックだった。1665年に出版された『ミクログラフィア』という書物の中で、フックは、顕微鏡で様々な物質や生物を観察した結果を報告した。その報告の中には「細胞」もあった。細胞は生物を構成する最小の粒子である。

　ただ顕微鏡という装置を用いてしか見ることのできない生体内の構造物や物質を、時計の歯車のようにみなして、研究することができるようになるまでにはもう少し時間が必要だった。というのも、写真もない時代、顕微鏡で観察したものは、観察した人が紙に書いて表現しなければ他の人と共有することができない。共有できなければ、観察結果を他の人が確認することもできない。他の人が確認できなければ、それが観察した人にしか見えない幻覚ではないという確証を得ることができない。したがって、目に見えないものを研究対象にするには、顕微鏡で観察することと同様に、あるいはそれ以上に、観察したことを表現し、他者と共有することが必要となる。

　そんなわけで、フックが『ミクログラフィア』を出版した後、レーウェンフックがはじめて微生物を観察するなど、顕微鏡を用いた観察が続けられたが、顕微鏡を用いた研究手法が確立するのは19世紀に入ってからのことである。

観察手法の確立

　研究手法の立役者として、ここではロベルト・コッホを紹介する。（コッホと同時代に「目に見えない細菌」を研究する手法の確立に大きく貢献したもう一人の研究者に、フランス人のルイ・パストゥー

ルがいる。）ロベルト・コッホはドイツ人で、1876年に炭疽菌の存在を報告する中で、「コッホの原則」を提唱し、顕微鏡を用いて病原菌を研究する手法を確立したことで知られる。コッホは、この原則に基づく研究で、細菌が人から人に移り、病気を引き起こす感染症のしくみを明らかにした。また、フランスの医学者のベルナールは、『実験医学序説』という書物の中で次のように述べている。

　人はいたって限られた範囲においてのみ周囲の自然現象を観察し得るにすぎない。大部分は本来人間の感覚を逃れているので、簡単な観察を以てしては到底十分ではない。したがって知識を拡張するためには、特別な器械の力によってこれら感覚器の力を拡大し、同時にまた、あるいは物体を分解し、或いはその隠された部分を研究するために、物体の内部にまで入って行くことのできる種々の器具を備えていなければならない。
　　　　　　（ベルナール『実験医学序説』三浦岱栄訳、岩波文庫）

　ここでは、顕微鏡に限らず、人間の感覚を拡大する装置を用いて、自然現象を観察することが推奨されている。自然のままでは見えないもの、聞こえないもの、触れられないものを、器具を用いて捉え、観察し、知識を蓄積する近代科学の発展の方向性が、ここで明確にされている。
　こうして「人の考える力」、「人の考える力」を用いて世界を理解するための思考方法、そして人の感覚では捉えられない自然現象を捉える装置と、それを用いた研究手法という、近代科学の発展を支える材料が揃った。

人のいのちのはじまりを捉える

受精卵

さて、現在私たちは、人のいのちのはじまりが1つの受精卵であることを知っている。ここまでの話から、これが、近代科学の考え方に基づいて認識される事柄である、ということをおわかり頂けるのではないだろうか。

人の受精卵の大きさは約0.1mm。肉眼では見えたとしても「点」ほどの小さなこの細胞が、分裂を繰り返すことで、次第に人の身体が形成されていく、ということを、私たちはすでに知っている。近代科学の考え方を獲得した私たちは、目には見えない物質に生じる原因と結果の連鎖から、私たち自身が成っていると、考えることができる。

受精卵は、卵子に精子が潜り込むことで生じる。

顕微鏡でヒトの精子を最初に発見したのは、17世紀中頃に世界ではじめて「微生物」を観察したレーウェンフックだと言われている。しかし卵子が発見されるのは、20世紀に入ってからのことだ。したがって、長らくどのように人のいのちがはじまるのかは謎で、精子の中に人の原型が入っているのだとする主張まで存在した（図2）。現在では、精子と卵子という2つの物質の他に、人の発生に関わるさらに小さな物質も観察され、それらの機能の探求が続けられている。

細胞の中の部品

受精卵の中にある小さな物質の中で、この後の話で重要になるのが「核」である。核の中には、人の遺伝子を運ぶDNAと呼ばれる鎖状の物質が入っている。この鎖は、2本の鎖が組み合わさって

できている。DNAがこのような構造をとることが報告されたのは、1953年のことだ。ワトソンとクリックの2人が報告した。彼らはこの報告で1962年にノーベル生理学・医学賞を受賞している。なお、彼らの発見には、ロザリンド・フランクリンという女性研究者の撮影した細胞のX線写真が欠かせなかった。にもかかわらずワトソンとクリックはフランクリンを論文の共著者に加えなかった。そのためフランクリンの功績は長らく無視されてきた。科学も人の営みであり、人と人の関係性や社会に存在する不平等から自由ではない、ということを示すエピソードだ。

図2
ハルトゼーカー（Nicolaas Hartsoeker）が提唱した精子の姿。小人＝ホムンクルスが入っている。

ご存知の通り、受精卵の核の中に存在するDNAの半分は母親から、もう半分は父親から受け継いだものだ。と言っても、精子が卵子に潜り込み、細胞が分裂する際に核にDNAが加わる過程の一部始終を実際に目の当たりにした人は、ほとんどいないはずだ。しかし、自然現象は、目に見えない小さな物質の原因と結果の連鎖によって生じている、という考え方に基づいて、私たちはそうした現象が存在することを容易に想像することができる。そして今では、顕微鏡の技術、画像記録方法、そして情報伝達技術の急速な発展によって、この想像を裏付ける画像を容易に得ることができるため、これが真実であるということを疑うことの方が、おそらく難しい。

人のいのちのはじまりを変容させる

体外受精

さて、自然現象のしくみを明らかにすることで、そのしくみを制御し、利用してもきた。人のいのちのはじまりについても、そのしくみを明らかにすることで、制御することができるようになってきた。

1978年、世界ではじめて、子宮の外で人工的に精子と卵子を受精させてできた受精卵を子宮に戻して誕生した赤ちゃん、ルイーズ・ブラウンさんがイギリスで誕生した。「体外受精」と呼ばれるこの技術は、卵子に精子を注入すると受精卵ができ、受精卵が子宮に着床すると胎児に成長する、という「人のいのちのはじまり」の法則を、人工的に生じさせる技術である。ブラウンさんの誕生によって、人のいのちのはじまりに「体外受精」という新しい方法が追加されたのである。

ミトコンドリア置換法

そして2015年2月、再びイギリスで、「ミトコンドリア置換法」と呼ばれる新たな生殖技術が国会を通過して合法となった。これは、3人の親を持つ子を作る技術、とも言われる。どういうことかというと、父親の精子と母親の卵子から作られた受精卵からDNAの入っている核を取り出し、別の女性の卵子の核と入れ替えるのである。(図3)。

なぜ、このようなことをするかと言うと、核の周りに存在する「ミトコンドリア」の異常に由来する疾患を防ぐためだ。ミトコンドリアは、人のエネルギーを生産する細胞内小器官である。人はこのミトコンドリアを母親から受け継ぐ。精子にあるミトコンドリアは、受精の際に消滅する。したがって、母親にミトコンドリアの異常が

ある場合にのみ、その異常は子どもにも受け継がれる。

イギリスでは、この病気を防ぐために、両親から受け継いだDNAを含む核だけを取り出して、正常なミトコンドリアを持つ女性の卵子の核と入れ替えて、受精卵を作り「直す」ことが、認められた。こうして作った受精卵は、母親の子宮に戻され、誕生を待つことになる。ミトコンドリアは、独自のDNAを持つ器官なので、生まれる子どもは、父親と母親から受け継ぐDNAの他に、卵子を提供した女性のミトコンドリアDNAを持つことになる。この技術によって、単に精子を卵子に注入するだけでなく、発生の過程に人の手を加える方法が、人の生殖に追加された。

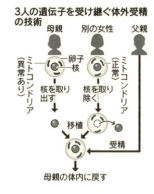

図3 ミトコンドリア置換法（日本経済新聞2016年9月28日）

クローン技術

ミトコンドリア置換法は、実はクローン技術に近接する技術でもある。ミトコンドリア置換法では、卵子の核と受精卵の核を入れ替えるが、入れ替えるのを受精卵の核ではなくて、体細胞の核にすると、体細胞の主と同じDNAを持つ個体が生成される。つまり、体細胞を持つ人と全く同じ遺伝子を持つ別の人を生み出すことができる。

クローン技術を用いて人を誕生させることは、現在「ヒトに関するクローン技術等の規制に関する法律」で禁じられている。その理由は、クローン技術を用いて人を誕生させることが、主に「人の尊厳の保持」、「人の生命および身体の安全の確保」、そして「社会秩

序の維持」を、脅かすためであるとされている。

　この中で社会秩序とは、「男女2人による人の生殖のあり方」に基づく家族関係のことを、主には指している。しかしミトコンドリア置換法は、「男女2人による人の生殖のあり方」とは異なる生殖のあり方を提示する。人の生殖にクローン技術を使うのを禁じる根拠の1つが、技術的に覆されたことになる。

新しい人のはじまりは「新しい人」を作るのか

　さて、ここで1つみなさんにも考えて欲しい問いがある。それは、もし将来、クローン技術を人に応用することが認められたならば、それは、「クローン人間」という「新しい人」を作ることになるのか、ということだ。これは「人とは何か？」という問いにも関係する問題である。

　もしも、「人」が、「いのちのはじまり方」によって定義されるならば、クローン技術で生まれた人と、そうでない人とは、異なる種類に分類されるだろう。けれども、この定義に基づけば、体外受精で生まれた人も、ミトコンドリア置換法で生まれた人も、異なる種類に分類されかねない。

　実際、世界ではじめて体外受精で生まれたブラウンさんも、当時は「試験管ベビー」として紹介された。また、ミトコンドリア置換法で生まれた子どもを、海外のメディアでは、「3人の親を持つ子」という呼び名で呼ぶことがある。

　けれども、体外受精やミトコンドリア置換法で生まれた人が、その誕生の方法のために、その他の人とは異なる不利益を被るとすれば、それは不当だということが直感的に言えるのではないだろうか。それは、私たちが彼らを「人」として認識することを意味している。私たちは、人工的な受精によって生まれて来た人も、大多数とは異

なる DNA の構造を持つ人も、「人」として認識することができる。この認識と、「試験管ベビー」や「3 人の親を持つ子」というような、私たちと彼らの間に境界線を引く呼び名との間には、ずれがある。

　世界人権宣言の第 1 条には「すべての人間は、生まれながらにして自由であり、かつ、尊厳と権利とについて平等である」とある。これは、私たち一人ひとりが、そのように扱われたいと願っている存在である、ということに基づく理念だ。この理念に照らせば、人は、どのような技術を用いて生まれて来たのか、またどのように特殊な DNA を持っているのかにかかわらず、平等な存在として扱うべきだということになるだろう。そうであるならば、新しい技術を用いて生まれてくる人に特殊な呼び名を用いることは、適切な行為とは言えない。新しい技術は「新しい人」を作らない、と私は考えている。「新しい人」を作るのは、新しい技術を用いて「彼ら」を迎える側の人たちの認識と行為である。みなさんは、どう考えるだろうか。このことを考えるヒントとなる本として、カズオ・イシグロの『わたしを離さないで』（土屋政雄訳、ハヤカワ epi 文庫）をお薦めする。

「人のいのち」を生きる

　近代科学は、「人のいのち」のしくみを明らかにし、そのことによって「人のいのち」の有り様を変えてきた。その変化は、遺伝子の構造が明らかになり、また体外受精が技術的に可能となった 20 世紀後半から特に急速になった。現在、受精卵の遺伝子を編集する技術が大きな注目を集めてもいる。しかしこの変化の一方で、私たちは、人が近代科学によって理解され変容される「生体システム」であるだけではなく、「生」を生きる存在である、ということにも目を向けるべきではないだろうか。

なぜ、生まれて来たのか、どのようにその「生」を生きるのか。あるいは、どのようにその「いのち」を「生かす」のか。「人のいのち」を前にした時、私たちは、そのしくみを不思議に思うと同時に、こうした問いも持つのではないだろうか。

　そして「なぜ私は生まれて来たのだろう」と問う時、私たちには、期待する答えが既にあるのではないだろうか。それは「意味があるから生まれて来た」という答えだ。第2次世界大戦中、アウシュヴィッツ強制収容所に収容され生還した心理学者で哲学者のフランクルは、どんな状況にあっても人はその生を生き、その意味を「積極的に信じる」ことで、必ず生きる意味を見出すことができると述べた。なぜならば、生きる意味は既にあるからだと（フランクル『夜と霧　新版』池田香代子訳、みすず書房）。このことを、「自分の固有のいのち」にも、「他者の固有のいのち」にも認めることが、「人のいのち」のあり方が急速に変容する現在の世界で、必要とされている。

プロフィール

渡部麻衣子（わたなべ　まいこ）

1979 年生まれ。2002 年国際基督教大学卒業。2005 年 Warwick 大学大学院社会学部博士課程修了。2008 年博士号取得。専門は科学技術社会論。現在 Harvard 大学科学史研究科にて客員研究員として、胎児を視る手法の 20 世紀後半の歴史を研究している。

読書案内

◇ウィリアム・バイナム『医学の歴史』（鈴木晃仁・鈴木美佳訳、丸善出版、2015 年）
　＊紀元前 460 年頃のギリシャに生まれたと伝えらえる医学の祖ヒポクラテスにはじまり現代に至る西洋医学の歴史を、誰がどこで何を目的に医療を施し、どこで医学の知識が生産され、それらがどのように伝達されたのかということに着目しながらコンパクトにまとめた医学史の入門書。

◇アイザック・アシモフ『生物学の歴史』（太田次郎訳、講談社学術文庫、2014 年）
　＊古代ギリシャにおける生物への関心から、DNA を中心に据える現代の分子生物学へと至る生物学の歴史を、SF の名著を多く残したことで知られるアシモフが、一般読者向けにまとめた。生物への関心が、人のいのちへの関心に関連付けられてきたことがわかるだろう。

◇田中祐理子『科学と表象——「病原菌」の歴史』（名古屋大学出版会、2013 年）
　＊フラカストロ、レーウェンフック、パストゥール、コッホという 4 名を登場人物として、「細菌学」の成立史を描いた専門書。顕微鏡を手にした人が、いかにして「目には見えないもの」を表し、人に伝え、研究する手法として確立してきたのかを知ることができる。一人の人が見たものが社会で共有される知識となるまでの、人的営みの躍動感が伝わる。

死後の生物学

松田良一

　実は私の実家は曹洞宗のお寺である。生まれた時（いや、生まれる前）から私は寺の住職になることが決められていた。中学生の頃、私は自然科学に興味を持ち、およそ自然科学には縁遠い（と思われた）仏教に自分の人生を費やすことには気が進まなくなってきた。誰でも自分のやりたいことに集中して人生を送りたいと思うだろう。しかし、それは簡単ではなかった。私はその後、紆余曲折を経て、現在、東大で生物学の教育と研究を行い、時として、実家の寺で住職をする生活を送っている。でも、寺は甥の副住職に任せられるようになり、息子は微生物学者として独立したので、ようやく私の代で住職の世襲にピリオドを打つことができると思っている。しかし、この期に及んで、不思議と仏教と科学の接点は何かを考えてみたいと思うようになってきた。人間を必ず襲う四苦（生老病死）があり、それらの恐怖から如何に脱却するかというのが、仏教の大きなテーマである。定年を間近に控えた今、私は遅まきながら、その四苦に向き合う1つの立場として生物学があることに気がついたのである。まず、死を生物学的に見極めたい。

死ぬということ

　蝉は土の中で数年間（長いものでは17年間も）過ごした後、一生の最後の数日間を成虫になって飛び回る。蝉はその限られた数

日間を過ごし、樹液を吸いながら、無心に鳴く。そして交尾して次世代の卵を木肌に産み付けると、ほどなくその一生を終える。その（成虫の）光景を芭蕉は「やがて死ぬ　けしきは見えず　蝉の声」という俳句に詠んだ。私たち人間も蝉と同じ

図1　ボルボックス（写真提供：野崎久義博士）

く、限られた時間をこの世で過ごし、（子孫を残して）1人ずつ死んでいく。恐らく、芭蕉は人間を蝉と読み替えて詠んだのではないかと思う。生物にはそれぞれの種に固有の寿命があり、その範囲内で生き、死んでいく。「死」は私たちにとって最大の関心事であり、誰もが避けて通れない人生の通過点である。

死の起源

　生物の進化の過程でいつどのようにして「死」が出現したのだろうか？　その答えは、タイムマシンに乗って大昔に戻らなくても現生の生物の中から類推できる。どうやらバクテリアやアメーバのような単細胞生物には明確な死は存在せず、単細胞生物が多数集まって「群体」という多細胞生物に近い体制になった時、初めて個体レベルの死が出現したようだ。

　皆さんはボルボックスという名前を聞いたことがあるだろうか？　これは緑藻類の一種である。淡水の池に生息する生物で図1のような形をしている。小さな細胞が集まってできた直径0.3〜1.0ミリメートルの丸い袋構造の中に小型の球状のものがいくつか見える。

この大きな袋構造は多数の「体細胞」という細胞でできている。その袋の中にある小型球状のものは次世代のボルボックスを作る「生殖細胞」という細胞とその子孫細胞でできている。「体細胞」でできた親の体の中に「生殖細胞」でできた子供世代のボルボックスが形成され、それらが成長すると親の袋状構造を破って外に出ていくのである。破れて残された親のボルボックスは、もう生きるのをやめてしまう。つまり、死ぬのである。放出された子供世代のボルボックスたちはその体内に、また次世代ボルボックスを形成し、それらの成長を支える。ボルボックスはこの世代交代を繰り返しているのである。郡体を作る細胞が親の体を作る「体細胞」と次世代を作る「生殖細胞」に分かれた時、初めて親世代の死、「体細胞」の死が現れたといえよう。

細胞の死と個体の死

では私たちの身体について考えてみよう。私たちの身体もボルボックスと同様、「体細胞」と「生殖細胞」から成り立っている。女子の卵巣にある卵細胞や男子の精巣にある精細胞は「生殖細胞」である。それ以外の細胞は神経細胞も筋肉細胞も血管細胞もすべて「体細胞」だ。イギリスのリチャード・ドーキンスという生物学者が 1976 年に *The Selfish Gene*（邦訳『利己的な遺伝子』、紀伊國屋書店）という本を発表した。彼はその本の中で、生物の個体はその「生殖細胞」DNA を安全に次世代に伝える運び屋であると言っている。DNA は自分の目的のために運び屋を操り、DNA のためであれば運び屋に何でもさせる。極端にいえば運び屋は DNA の奴隷であるという考えだ。皆さんの親は皆さんのためなら、自分の犠牲を省みずに皆さんを大切に守ってくれるだろう。食べ物が不足すれば親は自

分の食べ物を子供に与える。これをドーキンス流に考えれば、親は自分のDNAを確実に子孫に伝えていくためのDNAの運び屋としての義務を忠実に実行しているからだと解釈することができる。つまり親の愛情は「利己的な遺伝子」が姿を変えたものといえる。そして「生殖細胞」DNAの運び屋である親はボルボックスの「体細胞」と同様に必ず死を迎える運命にある。

　それでは私たちの体細胞は個体の死までずっと生きているのだろうか？　実は、体の中でも頻繁に細胞の死は起きている。例えば、腸管上皮細胞、皮膚の細胞などは下から増殖する若い細胞に押し出されて死んでいく。腸管の場合は、この押し出される動きがあるおかげで、腸内細菌叢が腸管を食い破って体内に侵入せず、便として排泄されるのである。皮膚の細胞も、死ぬ過程でケラチンというタンパク質を蓄積することで丈夫で硬いバリアを作る。このバリアは消耗品で、古いバリアは「垢(あか)」として皮膚から剥離し、新たにバリアになる細胞は下から常に供給されることで、皮膚は保たれる。タイヤは使えば使うほど摩耗し、ついには使えなくなる。でも皮膚は摩耗してもその分、下から補充されるので使い続けることができる。私たちの体全体が生きていくためには、特定の細胞の死と生の動的平衡が前提になっているのだ。つまり、細胞レベルでは死は日常的現象である。特定の遺伝子をこわして、これらの細胞の死を抑制すると、個体レベルの死が起きることが実験で証明されている。部分的に死ぬことで全体の生を支えるとは実に不思議だ。

　皆さんはハサミムシという昆虫をご存知だろうか？　落ち葉の山や大きな石に覆われた地面に住む、お尻にハサミをもつ昆虫だ。そのハサミムシの母親は卵を沢山産むと、外敵から卵を守るためにその場で子供たちが卵から孵るのを待つ。卵から孵った子供たちは旺盛な食欲で周りにあるものを食べようとする。まず、餌としておい

しそうなものは……と辺りを見回し、そこに横たわる母親を生きたまま食べ始めてしまうのだ。母親は子供たちに食いつかれても振り払ったりしない。子供たちが満腹になる頃には母親の姿はない。母親は自分のDNAを確実に次世代に伝えるための手段として自らの身体を子供たちの餌にするのである。食べ物の量や環境に限界がある時、子孫の生存をより確かなものにするには親による資源の浪費を抑えなければならない。その意味でも子供の生存が確保された時点で死ぬようにできているのだ。

このように、自分のDNAを子孫に伝えるために親は実はDNAに操られている、親の行動はすべてDNAの安全な保存のための行動として説明できるという立場が「利己的な遺伝子」の考え方である。皆さんはどう思うだろうか？ 読者の皆さんも体の大部分は「体細胞」。つまり次世代を作る「生殖細胞」を運ぶための入れ物に過ぎないということだ。その「生殖細胞」が確実に次世代を作れるようにするために、皆さんが衣食を満たせるように努力して生きな

図2　母親を食べるコブハサミムシの幼虫（写真提供：海野和男事務所）

がらえる、それが人生だという見方である。個人としての尊厳、生存権、幸福の追求といった現代社会での自明の権利、基本的人権。この当然ともいえる人間社会での価値観は、どちらかというと「体細胞」の生存に優先権を与えているように見える。今日の日本社会の少子高齢化は「体細胞」重視、「生殖細胞」軽視の現れといえる。昔からある「不老不死の願望」は「利己的な遺伝子」の考え方とは相容れないものがある。寒ければ暖かくしたい、苦しみから逃れて楽をしたい、長く生きたいという人間の心は自然の摂理への抵抗である。遺伝子の立場にたつと、ボルボックスやハサミムシ、そして残念ながら「ヒトの死」というものを普遍的かつ合理的に説明できる。生物としての「ヒトの死」と人格としての「人間の死」を同一に論じられるものかどうかは、議論のあるところではあるが……。

死者を蘇らせる

　皆さんは『フランケンシュタイン——あるいは現代のプロメテウス』という小説をご存知だろうか？　これは1818年に出版された小説だ。作者はイギリス人のメアリー・シェリーという女性。彼女は1797年生まれ。この小説は彼女が18歳の前後に着想したもので、当時の時代背景が大いに影響している。メアリーが生まれる3年前、イタリアのルイージ・ガルヴァーニという解剖学者がカエルの腰から下を切り出して実験（一説には料理のため）に使おうとしていた材料が、なんと急に動き出したのだ。どうも近くで雷が落ちた時や解剖中に2種類の異なった金属の道具が脚に触れた時に限り動くようだった。その論文を読んだ物理学者アレッサンドロ・ヴォルタは、濡れた2種類の金属の間に電流が流れることを応用して電池を作ったといわれる。この電池を使ってマイケル・ファラデーにより電磁

誘導が明らかとなり、今日の電気文明が始まった。携帯電話やテレビ、電車といった電気文明の利器が死んだカエルの脚の痙攣からヒントを得て生まれたと思うと愉快である。ガルヴァーニや、彼の甥のジョヴァンニ・アルジーニはヒトの新鮮な死体に電流を流すと瞼が開き、上半身が起き上がることを見つけ、見世物にした。当時の最新科学により、死んだ肉体に電気を流すことで、あたかも生き返ったかのようになる（完全に生き返るわけではなく、動くというだけだが、）という可能性を示したのである。

　私は実験室で過剰麻酔により死んだはずの鶏の胸に市販の低周波マッサージ器の電極を当てると死後1時間以内であれば鶏が元気に「はばたき運動」をすることを認めている。まるで鶏が生き返ったようだった。ガルヴァーニやアルジーニの実験で死者を電流で蘇ったように見せた話はありうることだと思った。

　メアリー・シェリーは18歳の時、このガルヴァーニらの発見にヒントを得て、死体のパーツを継ぎ合せて作った人造人体に電気を流して生き返らせることに成功した若き科学者フランケンシュタインと、彼によって作られた「怪物」の苦悩を描いた小説『フランケンシュタイン——あるいは現代のプロメテウス』を1818年、出版した。なんと彼女が20歳の時だった。しかも200年以上昔の女性が『フランケンシュタイン——あるいは現代のプロメテウス』を書いたのである。驚きではないか。

　実は、彼女がこの構想を立てるきっかけは、彼女や彼女の夫、さらに3人の若者たちがスイスのレマン湖ほとりの別荘で怪奇小説を書こうと話し合った時だったそうだ。そのグループにいたポリドリという医者は後に若者の血を飲むことで若さを保つ怪人小説『吸血鬼』を書いた。21世紀の現在、老マウスと若いマウスとの並体接合実験から確かに若い個体の血液中に老マウスを若返らせる因子が

あることが証明され、大いに注目を集めている。それを『吸血鬼』は200年前に予見した小説であるともいえる。しかし、メアリー・シェリーはタイトルを単に「フランケンシュタイン」とせず、『フランケンシュタイン——あるいは現代のプロメテウス』とした。そこがまた意味深い。その「怪物」を作った科学者に全能の神ゼウスの許可なく人間に火を与えたプロメテウスの魂を見出して、副題としたのだろう。1814年には同じイギリスのJ・スチーブンソンが大量の石炭を運搬するため蒸気機関車を作った。メアリー・シェリーは科学に全能性を感じ、いずれ科学で死者をも蘇らせることができる、そんな科学の未来を予感したのだろう。

しかし、「怪物」とフランケンシュタインとの葛藤を描いたメアリーはプロメテウスの話を忘れることができず、実は科学の全能性に懐疑的だったのかもしれない。この小説は空想科学小説（SF）の草分け的存在であり、今日の再生医療をも連想させる予見に満ちた小説である。これを200年前に発表したメアリー・シェリーの才能と読みの深さには驚くばかりだ。

生と死の境界

死んだカエルの脚や死体の瞼に電流を流すと動くということは、個体が死んでも部分的には、まだ細胞が生きているということでもある。死んだと思われた人の脳がまだ、生きている可能性はないのだろうか？　私の知人に看護師出身の尼僧さんがいる。彼女によると、現役の看護師時代に病室で母親の臨終を告げられた直後、見舞に来た家族が「おい、喪服を持ってきたか？」などという会話を始めたそうだ。その直後、亡くなったはずの母親の瞼から涙が溢れてきたそうだ。おそらく、お母さんにはまだ家族の声が聞こえ、死に

際に心が強く動揺したのだろう。つまり、その瞬間はまだ生きていたのだ。そうだとしたら、なんと悲しいことか。その看護師さんはその時に宗教者になることを決意したそうである。立花隆氏の『臨死体験』(文藝春秋)の中にも個体は脳死判定されても脳はまだ生きている時間があるのではないかと書かれている。昔、切腹斬首の刑の執行の際、名前を呼ぶから、聞こえたら瞼を動かせと言い聞かせた後、斬首された頭部に対して名前を呼んだら本当に瞼を動かしたという話がある。

　燃焼は酸素との急激な結合であることを明らかにし、質量保存の法則を見出したフランスの化学者A・ラヴォアジェは、フランス革命の際、税金の徴収請負人をしていたので王政側の人間であるとみなされ、ついにはギロチンにかけられてしまった。彼はギロチンにかけられる前に意識があるうちは瞬きするので見ておけと言ってギロチン台に上った。斬首された後、彼の頭部は15秒間ほど瞬きを続けたそうだ。これらの話は目撃談のみで、その真偽は今となっては確実ではないが、十分に起こりうることだと思う。生と死の境界は断続ではなく連続であると考えることができるだろう。失血すれば急激だが、失血を伴わないで死に逝く場合は、体内に血液があるので、かなり長い間、多くの細胞は生きていると思われる。脳機能がどこまであるかは未解明であるが。

死後変化の研究

　昔から明らかに死んだと思われた人間が生き返った話はある。『ナショナル・ジオグラフィック』2016年4月号には、2015年3月、氷の張った川に落ちて心臓が止まった幼児が救助されてから心肺蘇生法を1時間半続け、体温を上げていったところ、心臓の鼓動が再

開し、4日後には退院できたという記事がある。さらに、川に落ちて30分間水中にいた女性の外科医が死の淵から生還し、ついには医療現場に復帰するまで回復した例も報告されている。酸素の供給が止まるとまず、脳組織が不可逆的変性を起こし始め、仮に心臓の鼓動が回復しても脳のダメージが大きく、予後は極めて困難な状況になる場合が多いのだが、この2つの例は全く後遺症を残さなかった。心臓が止まっていた間、生還者はどうも似た夢を見るようだ。これが臨死体験なのだろう。臨死体験そのものは動物実験では証明がなかなか難しいが、死後変化の研究は動物実験で可能だ。

　私は学生たちとともに、マウスの死後、脳や骨格筋にどんな変化が起きるかを調べてみた。血流が止まると、まず組織が低酸素状態になる。動物の細胞は低酸素状態になると低酸素誘導性因子（Hypoxia-inducible factor, HIF）が出てくる。このHIFは遺伝子発現を制御する転写因子と呼ばれるタンパク質で、血管の増生を促進する血管内皮細胞成長因子（VEGF）や造血刺激ホルモン（Erythropoietin）の遺伝子の発現を活性化する働きを持っている。高地でトレーニングすると血球数が増えて、低地に戻った時にマラソンの成績が良くなるという高地馴化も、このHIFが機能しているのだ。面白いことにHIFは低酸素時に作られるのではなく、むしろ常に作られていて、通常の酸素濃度では分解されるタンパク質なのだ。しかし、低酸素条件では分解サイクルが働かず、HIFが蓄積し機能するのである。

　実験では、死後もHIFの蓄積が見られるかを確かめるため、死亡直後と死後30分における脳のHIFの量をHIFに対する抗体を使って免疫染色してみた。その結果、死後30分の脳では死亡直後よりHIFの量は多く、抗体に強く反応することが分かった。もし、高地馴化でHIFの量がすでに十分あり、赤血球数や毛細血管が多

くなっていれば、低酸素による脳の神経細胞の死も遅らせることができるかもしれない。さらに高地馴化をしなくてもHIFの分解を薬物で阻害できれば、死ににくい脳ができるかもしれない。そのような薬物として、HIFのプロリン水酸化酵素の阻害剤はすでに発表されている。近い将来、この阻害剤を用いて脳におけるHIFの蓄積を促進することで脳死を抑制し、蘇りのチャンスを人為的に高めることができるのではないかと思われる。また新たな21世紀版の『フランケンシュタイン──あるいは現代のプロメテウス』が書けるかも知れない。

死後硬直のメカニズム

哺乳類の体は死後、しばらくすると死後硬直する。この死後硬直のメカニズムを知りたいと考え、これまで私たちは筋ジストロフィーの研究をしてきた。筋収縮は、運動神経からの刺激で筋細胞内のカルシウム濃度が高まることがシグナルとなり起きる。刺激がなくなると筋細胞内のカルシウム濃度が下がり、筋肉は弛緩する。筋ジストロフィーでは、ジストロフィンという筋細胞膜の裏打ちタンパク質の遺伝子に異常があるため、ジストロフィンを作れず、筋細胞膜が脆弱になり小さな穴が開いてしまい、神経からの刺激とは無関係にカルシウムが外から流入することによって穴が開いた筋細胞の筋収縮が起きる。さらにカルシウムにより活性化したタンパク質分解酵素のおかげで筋原線維の分解が起き、さらに高カルシウム濃度の影響で細胞死が誘導される。変性した骨格筋細胞は死ぬが、周囲にいる筋衛星細胞が増殖し、新たな骨格筋細胞ができて、筋肉は再生する。これにより死んだ筋細胞と入れ替わって筋力の維持ができる。しかし、この筋変性と再生が過度に繰り返されると筋衛星

細胞の増殖能力を使い果たし、筋再生ができなくなり、筋組織は委縮する。これがDuchenne型筋ジストロフィー（DMD）である。この病気の患者さんはこれまで多くの場合、20歳前後で死亡したが、今日では適切なケアと人工呼吸器の延命効果によって40歳以上の生存者も稀ではなくなってきた。

　私の研究室では20年以上前に筋ジストロフィーマウスの静脈内にエバンス・ブルー（EBD）という青い生体染色用の色素溶液を注射すると、透過性が高まった筋細胞膜（発症のターゲット）を介して発症した筋ファイバーが真青に染色されることを報告した（1995）。もちろん、正常対照マウスの骨格筋では決して染まらない。ここから死後硬直の登場だ。当時、卒業研究生だったS・H君は正常対照マウスにエバンス・ブルーを注射し1日後、麻酔剤過剰投与で死んでからの時間を追って解剖した。すると正常対照マウスの筋肉は、死亡直後は全く染まっていないが、時間を経過するごとに色素で染まる筋ファイバー数が増えるという不思議な発見をした。

　翌年、新たな卒研生のK・V君は、筋ファイバー内にエバンス・ブルーが入る頃に死後硬直が起きることを見出した。生きている時は筋細胞の周りにある結合組織に浸み込んでいたエバンス・ブルーが筋肉細胞内に侵入する時期に、筋細胞膜の破綻と死後硬直が同時に起きることを見出した。エバンス・ブルーが筋細胞に入るということはカルシウムも入る、つまり最後の筋収縮が死後硬直であるということだ。正常筋では死後にのみ起きる細胞膜の破綻が、筋ジストロフィー筋では生きているうちに起きるということである。さらに死後硬直開始と同時に筋収縮を起こすタンパク質であるミオシンの分解が始まることが分かった。筋ジストロフィーの筋変性にはタンパク質分解酵素が関与しているので、死後変化の過程で起きることが、疾患では生きている間に起きるのではないかと考えられる。

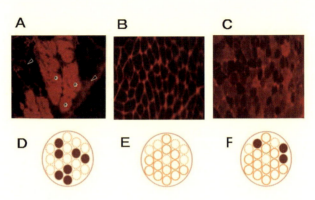

図3　筋ジストロフィーの研究
A：筋ジストロフィー（mdx：muscular dystrophy X-linked）マウス。発症した筋ファイバーは細胞膜の透過性が増し、EBDが浸透するため、EBDの赤い蛍光が顕著（▶印）。未変性ファイバーはEBDが入らない（＊印の頭）。Dはその模式図。
B：正常対照マウス。筋細胞膜が機能していて、EBDは浸透しない。Eはその模式図。
C：正常対照マウス。死後2時間を経過し、細胞膜が変性し、一部の筋ファイバーにおいてEBDが透過する。Fはその模式図。

おわりに

　現在の地球大気中に20％もある酸素は、シアノバクテリア（ラン藻）という光合成生物が30数億年前に出現してから、長い時間をかけて蓄積されてきたものだ。化石燃料を燃やすことで大気を急激に変化させている地球生物の新参者である人類はまさに今、自らを含めてすべての地球生物たちのDNAの存続をも大きく脅かそうとしている。今世紀中に人類を襲うであろう様々な脅威——人口爆発と食糧不足、開発による森林破壊、化石燃料の枯渇と大気汚染、核エネルギーの利用と核廃棄物量の増大や核事故の危険性の高まり、地球温暖化などの気候変動、温帯地域の亜熱帯化と熱帯病・新型伝染病の蔓延等々、そして不安定さを増す国際状況。これらの脅

威に対して、英知を結集して何とか解決（あるいは先送り）の糸口をつかまなければ微生物やウイルスを含めた地球生物 DNA は「体細胞」重視の人類に対してあらゆる手段でその優先権を主張し始めるのではないだろうか？

　我々人類には世代間の情報伝達様式として DNA 以外に言葉と文字がある。言葉と文字は人類が発明した DNA とは異なる世代間の意思・情報の伝達媒体だ。この特性を活かして、「学問の力」による人類の新たな進化を期待したいと思う。

プロフィール

松田良一（まつだ　りょういち）
東京都立大学理学部卒業。千葉大学大学院修士課程修了。東京都立大学大学院博士課程中退。1982 年、理学博士。カリフォルニア大学バークレー校研究員、東京都立大学理学部助手、W. Alton Jones Cell Science Center, Senior Scientist を経て、現在は東京大学教養学部教授。同学部社会連携委員長。国際生物学オリンピック法人執行役員。国際生物学オリンピック日本委員会コーディネーター。趣味は顕微鏡いじり。

読書案内

『寺田寅彦随筆集（全五巻）』（小宮豊隆編、岩波文庫、1947 年）
　＊「災いは忘れた頃にやってくる」という有名な諺を作った地球物理学者の寺田寅彦だ。彼は夏目漱石の弟子だから、とても読みやすい文章だ。その寺田が自然と人間社会、科学と文化というテーマを皆さんに語りかけている。私は高校生の時に読んで大いに影響を受けた。柔軟な頭脳を持つ若者たちの中から、時代の本質を見抜く、新たなメアリー・シェリーの出現を期待したい。

歴史の謎をDNAで解きほぐす
―― リチャード三世とDNA

石浦章一

　皆さんは、シェイクスピアを読んだことがあるだろうか。まさか大学生にもなって、「聞いたこともない」という人はいないと思うが、今日はその中でも有名な『リチャード三世』について、DNAとの関係で興味深い話を紹介しよう。

　シェイクスピア劇では、極悪非道な王は、長兄だった先王の子供（甥2人）を殺し、次兄と妻も殺して王位についた人間として描かれている。王は最後にはボズワースの戦いで戦死し、どこに葬られたか分からないというのが今までのリチャード三世像であった。また、せむしでびっことして言い伝えられてきた。500年後、それらしい骨が見つかった。DNA鑑定の結果、リチャード三世であることがほぼ確かとなったが、そのいきさつとDNAのつながりを見ていくことにする。

プランタジネット王朝

　図1に、エドワード一世から始まり、リチャード三世で終わったプランタジネット王朝とそれから続くチューダー王朝の一部を示した。エドワード三世の時代、黒死病（ペスト）が大流行し、人口の3割が減った時期があった（1348〜1350）。この時期のイギリスは、イングランド、スコットランド、ウェールズに分かれており、人口

はそれぞれ500〜700万人、100万人弱、25万人くらいであり、特にウェールズには特定の王はおらず群雄割拠の状態だったといわれている。人口減で収入の減ったイングランド王が

公爵	Duke	軍団の長
侯爵	Marquis	国境守備司令官
伯爵	Earl/Count	各地の総督
子爵	Viscount	副総督
男爵	Baron	地方の有力者
騎士	Knight	

表1　爵位

ウェールズなど辺境の地に課税をしたために、いろいろな悶着が起こった時代でもあった。イングランド王エドワード三世は、王位継承権第1位を「ウェールズ大公」とし、①ウェールズで生まれ、②英語を話さず、③今まで一度も罪を犯していない、という3つの条件を満たすものを選ぶことにし、何と産まれたてのわが子を任命したことで有名である。21世紀までに、21人の大公のうち13人までが王位についている。

表1には、英国の爵位を示したが、公というのは公爵のことで、軍団の長という意味である。侯爵はその下で、辺境の地を守備する司令官というような意味である。続いて伯爵は各地の総督、子爵は副総督、そして男爵は地方の有力者に与えられた。騎士はその下で、勇敢な人間というような意味である。クラレンス公とか、リッチモンド伯というのは、このような爵位を示している。

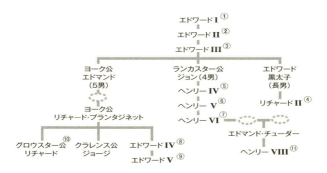

図1　プランタジネット王朝。数字は王位継承順を表す。

エドワード三世には長男のエドワード黒太子の他に、4男のランカスター公ジョン・オブ・ゴーント、5男のヨーク公エドマンドなどがいた。この、後2つの家系が赤バラ、白バラを立てて争ったのが薔薇戦争で、本主役のリチャード三世はヨーク家のグロウスター公リチャードのことである。これを倒したのがリッチモンド伯ヘンリー・チューダーであり、後にヘンリー七世となってチューダー王朝を開いた。

リチャード三世の即位とその後

図2は、グロウスター公リチャードが即位し、倒されるまでの家系図である。エドワード四世はヨーク公リチャード・プランタジネットの長兄で、ウォーリック伯リチャード・ネヴィルによって擁立された。ウォーリック伯は、長女のイザベルを次兄のクラレンス公ジョージに嫁がせていたが、次第に王と離れて行った。しかし、ネヴィル一族の台頭を快く思わなかったエドワード四世が、何と下層の寡婦であるエリザベス・ウッドヴィルと結婚し、結局はウォーリック伯を討ち取った。また王は、次兄のクラレンス伯を牽制するため、イザベルの妹アンを弟のグロウスター公リチャードに嫁がせ、ウォーリック伯の所領をリチャードに与えたのである。クラレンス

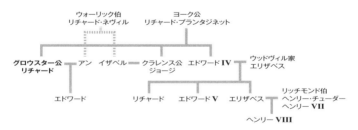

図2 グロウスター公の家系

伯はその後反逆罪で処刑された。

　ところがエドワード四世が40歳になって急死し、その子がエドワード五世となって即位したが、護国卿となったグロウスター公がエリザベスと対立し、エドワード五世と弟リチャードをロンドン塔に幽閉した。その後、エドワード五世を廃位して、自分がリチャード三世として即位したのである（1483年）。即位後、息子エドワードと妻アンが急死した。シェイクスピア劇では、クラレンス公、2人の甥（エドワード五世と弟リチャード、2人はロンドン塔の庭で遊んでいる姿を目撃されたが、数ヵ月後にはそれも途絶えた、という言い伝えがある）、妻アンを続けて殺したことになっているが、実際はそうではなかったらしい。チューダー王朝時のシェイクスピアにとってリチャード三世は仇のようなもので、チューダー王朝礼賛を裏返すと、あのような残酷な内容になったものと推測されている。

　リチャード三世が、1485年のボズワース平原での戦いで死んだのは間違いない。言い伝えによれば、甲冑を脱がされた亡骸は近くのレスターの町のグレイフライヤーズ修道院（教会）に埋葬された、とある。その後、教会はヘンリー八世が解体した。125年後、リチャード三世の遺体がレスターのソア川に捨てられた、といううわさが流れたが、証拠はなかった。多分、埋められているのではないか、と推測されていた。21世紀になって、かつての教会の場所が特定され、そこから頭蓋骨に穴が開いた遺骨が見つかった。あのリチャード三世ではないか、というわけであった。

DNA 鑑定はどのようにして行われるか

　現在、一般的な DNA 鑑定は私たちが持っている DNA を細胞か

ら採取し（こう書くと、何か秘密のものが剥ぎ取られるように思うかもしれないが、血液でも、髪の毛の毛根でも、吐いた唾からでも簡単に取れる）、その配列を調べるのである。DNA は ATGC の 4 文字の並びで、個人差というのは 500〜1000 文字に 1 つ程度である。ヒトの DNA は意外に似ているのである。その違いは、1 文字の場合もあるし、AG という 2 文字の並びの場合もある。現在の DNA 鑑定は、もう少し長い繰り返し領域（マイクロサテライト）の長さによって鑑定するのだが、一例を挙げてみよう。

あとの例で出てくる DYS643 というマイクロサテライトは、Y 染色体上にある CTTTT という 5 文字の繰り返し領域である。この繰り返しが、人によって 8、9、10、11、12、13、14 回あり、その頻度が、それぞれ 2、9、41、22、19、6、2% であることがわかっている。DYS643 のデータが 10 ということは $(CTTTT)_{10}$ という意味である。Y 染色体は男に 1 つしかないので、この数字がその人の持つ繰り返し数となる。父が 10 で息子が 12 なら、父子関係に疑問が出るということである。1 カ所では、たまたま変異が起こった可能性があるので、数カ所で調べると親子鑑定の精度が上がるというわけである。

DNA 鑑定の結果

図 3 には、現時点で分かっているリチャード三世の子孫の家系図を示す。ここに示すのは、男系の家系と女系の家系である。父親から男の子には Y 染色体が伝わる。組み換えはないので、そのまま伝わるから、Y 染色体のどの部分を見ても父親と男の子は同じはずである。ところが、父親と男の子の間には、何らかの事情で 1〜2% の不一致が生じることが知られている。

一方、母親から子供にはミトコンドリア DNA が伝わる。この場合は、子供が男か女かにかかわらず、同じミトコンドリア DNA が伝わっていく。すなわち、母親から娘を世代を越えてずっと追いかけていけば、同じミトコンドリア DNA が見つかるはずである。母と子を取り違えることはほとんどないので、この場合はほぼ正確に伝わる。

　リチャードには、妹アンがいた。アン・オブ・ヨークと呼ばれている人である。ずっと女系をたどると、3代下にバーバラ・コンスタブル、エバーヒルダ・コンスタブルという姉妹がいた。バーバラから間に 12 代おいて、アイダ・イプセンが現存している子孫である。アイダの息子マイケル・イプセンから DNA が採取された。一方、エバーヒルダから 15 代はさんでウェンディー・ダルディッグが現存している。ウェンディーからも DNA が採取された。その結果、マイケルとウェンディーのミトコンドリア DNA は、発掘され

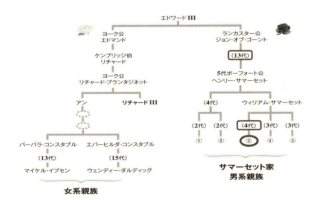

図3　プランタジネット王朝とその子孫

リチャード三世は子孫を残さなかったが、姉のアン・オブ・ヨークの女系子孫は現存する。アンの孫には 2 人の娘バーバラ・コンスタブルとエバーヒルダ・コンスタブルがおり、この 2 つの家系が現在まで続いている。バーバラの家系から 2008 年に亡くなったジョイ・ブラウンまではすべて女系だったが、ジョイの息子マイケル・イプセンだけが男性である。しかし、マイケルにもジョイからミトコンドリア DNA が伝わっており、リチャード三世と同じであった。

た骨のDNAと完全に一致した。リチャード三世とアン・オブ・ヨークは姉弟であるから、彼らのミトコンドリアDNAは、母親、つまりヨーク公リチャード・プランタジネットの妻から来たものである。マイケル・イプセンとウェンディー・ダルディッグのミトコンドリアDNAも同一であった（図3参照）。この母系の結果から、遺骨はリチャード三世である可能性が強いことが分かった。

　一方、父系はどうであろうか。

　リチャード三世から三代さかのぼるとエドワード三世に行き着く。エドワード三世には息子が何人もいて、ランカスター公ジョン・オブ・ゴーントが4男、ヨーク公エドマンドが5男であることは図1で説明した。これを書き直したのが図3である。エドワード三世からの男系の1つがリチャード三世だとすると、もう1つの男系がランカスター公ジョン・オブ・ゴーントから始まるもので（図3右側）、ここから13代飛ばしたのが5代ボーフォート公ヘンリー・サマーセットであり、ここからサマーセット家が5つに分かれて（図3①〜⑤）、現在に至っている。この5家族（すべて男子）のDNAを採取し、Y染色体のタイピングを行ったのが表2である。タイピングというのは遺伝子の型のことであり、DYS643というのは、Y染色体にある遺伝子座のシングルコピー（Y染色体上には、この配

	Som1	Som2	Som3	Som4	Som5	
DYS643	10	10	12	10	10	12
DYS19	14	14	15	14	14	15
DYS385	11	11	12	11	11	13
DYS391	11	11	10	11	11	10
DYS438	12	12	10	12	12	10
DYS448	20	20	18	20	20	22

↑ リチャードIII

表2　サマーセット家のY染色体タイピング

列は1つしかない、ということ）の643番目の箇所という意味である。Som1とは①のことであり、以下Som5まで同様である。

その結果、Som3だけが他と異なることが分かった。すなわち、Som1、Som2、Som4、Som5は同一である。ということはこの4人の祖先である5代ボーフォート公ヘンリー・サマーセットと同じY染色体を持っているということであり、家系図が正しいとすると、ウイリアム・サマーセットとSom3の間の4代のところで、父子間に相違があった、ということになる。

また表2を見ると、リチャード三世と目される遺体のY染色体は、このヘンリー・サマーセットのものと明らかに異なる。ということは、その祖先である13代の間で父子の相違があったに違いない、という結論になる。なぜなら、エドワード三世からリチャード三世に至る家系図には何ら問題がないことが分かっているからである（が、疑問がないとは100％断言できない）。ここでわかったことは、英国王室の家系のどこかに切れ目がありそうだ、ということだけである。

リチャードの体型と髪型

リチャード三世の生前に彼に会って、体型のことを書き記しているのは2人だけである。その一人ニコラス・フォン・ポッペローはリチャード三世のことを「ちょっと痩せ型で、手足が細い」と書き記している。また、もう一人のジョン・ルースは「背は低く、顔は細い。また右肩が左肩に比べて上がっている」と述べている。このルースの残した印象から、100年以上後のシェイクスピアは「醜くゆがみ、できそこないのまま……この世に送り出されたのだ。……不格好にびっこを引き引き……」（小田島雄志訳、白水Uブックス）

と本人に語らせたに違いないといわれている。

　骨からは脊柱側弯症の証拠が残っているので、右肩が少し上がっているのは事実だったらしい。興味深いのは、遺伝子診断から分かった眼の色と髪型である。現在では、24個の遺伝子を調べることで、その人の目の色がどうだったかを推測できる。その結果、リチャード三世の目の色はブルーだった可能性が95％であることがわかった。眼の色というのは、色素の有無を判定していることになる。当然、同じデータから眼の色だけでなく、肌の色や毛色も推定できることになる。リチャード三世のデータから、彼は金髪（ブロンド）であることが推定された（77％の確率）。一般に金髪の人は、生まれたては金色だが、年とともに黒味が増すことが経験的に分かっている。30歳代のリチャード三世は、少し黒味がかったブロンドだっただろうと考えられた。リチャード三世の肖像画はいくつも残されているが、この眼の色と髪の色に合った肖像画がたった1つ残されていた。

DNAと私

　この話を聞いて、私の専門分野と関係のない方もDNAに興味を持っていただけただろうか。私の専門はアルツハイマー病で、病気の原因の解明と新しい治療法について研究を行ってきた。アルツハイマー病は年とともに認知機能が衰えていく病気だが、古くから、どうしてボケるのか、ボケやすい人はどのような人か、なぜ特定の人だけが100歳に達するのか、などの疑問が出されていた。最新の結果では、DNAが決めていることが明らかになってきている。少なくとも家族性アルツハイマー病（若年性のほとんど）はいくつかの遺伝子変異で説明がつき、長寿に伴う遅発性のアルツハイマー病

の危険因子（DNA変異）も明らかにされてきた。病気というのは、DNAの変異と食事、運動などの環境要因によって生ずることもわかってきた。

もしDNAがその人の病気へのかかりやすさを決めるなら、病気だけでなく、気質や性格だけでなく学習能力など人間の個性の発現にも関与している可能性がある。このようなことから私は、人間の能力とDNAの関係についての研究を立ち上げてきた。20年近くの研究で分かったことは、私たちの行動は1つや2つの物質の動きで決まっているのではなく、多くの脳内物質が関連しあっている、という実に単純な結果であった。

これを聞いて、残念に思う人がいるかもしれない。しかし最近の研究の進展はすばらしく、あなたが今触っている机の指紋からDNAが採取でき、そこに見つかった細菌叢のDNAから現在のあなたの体調や健康状態がわかる、などという研究も生まれてきた。DNA研究が新しい時代に入ったことを示す一例である。

今回は、時代を越えて保存されたDNAサンプルが、隠れた歴史を物語る例を紹介したが、このような例はいろいろある。シベリアのマンモスから得られたDNAから、どうしてマンモスが寒冷地に適応したのかが解明され、ガラパゴス島の小さな鳥フィンチの嘴の大きさの違いが、どのような遺伝子変異によって生じ、どう進化してきたかがわかり、人類とネアンデルタール人の違いもDNA配列によって解明された。

研究というのは、その人のモチベーションや社会情勢によってテーマが決まるが、ドライビングフォースは意欲である。私の名前は石浦だが、全国から石浦姓の人が集まって私の出身地の金沢でサミットが行われたことがあった（2013年）。ここで全員のDNAが採取されれば、この人たち（と私）のルーツが分かるかもしれ

ないと期待したが、残念ながら、このような箸にも棒にもかからない研究にはお金が出ないのでできなかった。意欲だけでは研究はできないという例だが、少し悔やまれるところもある。

　DNA という材料を使うといろいろなことが可能になるということがお分かりいただければ幸いである。

参考文献

King, TE et al. (2014) 'Identification of the remain of King Richard III.' *Nature Communications* 5 : 5631

Appleby, J et al. (2015) 'Perimortem trauma in King Richard III: a skeletal analysis', *Lancet* 385: 253

Buckley, R et al. (2015) 'The king in the car park': new light on the death and burial of Richard III in the Grey Friars church, Leicester in 1485', *Antiquity* 87: 519

プロフィール

石浦章一（いしうら　しょういち）
1950 年、石川県生まれ。専門は分子認知科学。東京大学教養学部、同理学系大学院博士課程修了。国立精神・神経センター神経研究所、東京大学分子細胞生物学研究所、東京大学大学院総合文化研究科教授を経て、2016 年より同志社大学に勤務。同志社大学特別客員教授、東京大学名誉教授。

読書案内

◇君塚直隆『物語 イギリスの歴史（上）――古代ブリテン島からエリザベス1世まで』（中公新書、2015 年）
　＊本書は簡単にリチャード三世ごろの英国の状況が俯瞰できるとともに、どの時代も親族同士が争いながら歴史を作ってきたことがわかる。

◇東京大学生命科学教科書編集委員会編『現代生命科学』（羊土社、2015 年）
　＊この本は、東京大学の文系のための生命科学の教科書だが、基礎から最新の技術まで網羅しており、手に取るとその重みが分かる。

◇スヴァンテ・ペーボ『ネアンデルタール人は私たちと交配した』(野中香方子訳、文藝春秋社、2015年)
　＊古代DNA解析の第一人者ペーボによるネアンデルタール人のDNA解析結果報告の話。古代DNAには、いろいろな問題があるということが分かると同時に、研究者の熱意がはっきり表れている力作。

植物はなぜ自家受精をするのか
——花の性と進化

土松隆志

　観葉植物、街路樹や道端の雑草など、我々の身の回りにはさまざまな植物が生えている。これらにみられる共通した特徴を挙げてくださいと言われたら、読者の皆さんはなんと答えるだろうか。おおむね緑色をしていること、動かないこと、光合成をすること。いろいろな答えがあるだろうが、ここで紹介したいのはその中でも、植物の「生殖」に関わる重要な特徴だ——それは、多くの植物が雌雄同体であること、そして雌雄同体であるがゆえに、自家受精（自殖）をするということである。

自家受精する植物たち

　雌雄同体とは、1つの個体が雄・雌両方の性をもつという性質のことである。花を咲かせる植物は地球上に30万にもおよぶ種類が報告されているが、実にその約7割の種が、1つの花の中に花粉と胚珠という雄・雌両方の性をあわせもつ「両性花」であることが知られている。そして両性花をつける植物は、自分の花粉と胚珠とで種子を実らせる自家受精を行えることが多い。

　自分の花粉（雄）と自分の胚珠（雌）が交配して子孫を残す。雄と雌が別々な我々人間からみると、一見かなり奇妙な生殖法である。植物はなぜ自家受精のような不可思議な生殖を行うのだろうか。自

分と自分で受精するだけなら、そもそも生殖する必要などないような気もする。

　実際、両性花をもちながら自家受精をいっさい行わず、もっぱら他家受精（他殖）により種子を残す植物も、またとても多いことが分かっている。そのような植物が子孫を残すためには他個体の花粉が必須であり、その獲得のためには、多くの場合、昆虫による花粉媒介が重要である。たしかに野外で観察してみると、実にさまざまな植物が花びらや香りで昆虫を引き寄せ他個体の花粉を獲得しつつ、同時に巧みな方法で自家受精を防いでいることが分かる。例えば初夏から咲き始めるキキョウ科のホタルブクロは、雄しべは雌しべよりも数日だけ先に熟すことで、自家花粉が成熟した雌しべに付着してしまうのを防いでいる。また、ナシはバラ科の果樹であるが、ナシの花の雌しべにいくら自家花粉を人工的に受粉させても、花粉と胚珠とが受精し、結実することはない。これはナシが、自家不和合性という自己の花粉を見分けて花粉管が伸長するのを防ぐ仕組みをもっているためである。

　一方で、自家受精ばかり行うような植物も、もちろんたくさんみられる。春の七草の1つであるナズナはほとんど自家受精ばかり行って子孫を残す。ナズナの花はごく小さいが、これは自家受精する植物にみられる典型的な特徴だ。おもに自家受精をする植物は昆虫に花粉を運んでもらう必要がないため、花弁や蜜、香りなど、虫を引き寄せるための「投資」を減らしていることが多い。

　なぜ植物の種によって、自家受精を行ったり、行わなかったりするのだろうか。この問題にここでは、自家受精をすることが進化においてどのように有利か、不利かという視点からアプローチしてみたい。この考えの背景にあるのは、ダーウィン流の自然選択の原理である。そのうえで、自家受精する植物や他家受精する植物が進化

の過程でどのように生まれてきたのか、そしてそれらが将来どのように進化していくと予想されるのか、考えてみたい。

進化における基本原理

　話の前提となるダーウィンの自然選択の原理について、まず簡単に紹介しておこう。ダーウィン（C. Darwin）は言わずと知れた『種の起源』の著者であり、進化生物学の父である。ダーウィンはそのひたむきな自然観察を通して、一見不合理にもみえる生物のさまざまな性質が、実は極めて合理的にできていることを見出した。このように生物の性質がその環境で生育していくために合目的にできていることを「適応的」であるというが、ダーウィンの理論は、適応的な性質が自然選択によって進化したと提唱するものである。

　ダーウィンは、以下の3つの要素さえあれば、自然選択によって適応的な性質が自然界で自律的に進化するだろうと考えた。(1)生物のある性質に、個体によってばらつきが見られること（変異）。(2)その変異が、子孫に伝わるものであること（遺伝）。(3)その変異によって、個体の生存率や次世代に残す子供の数に違いがあること（選択）。

　たとえば、赤花を咲かせる個体（以下、赤花個体と呼ぶ）と白花を咲かせる個体（以下、白花個体と呼ぶ）からなる植物の集団を考えよう（図1）。花色に関して赤・白という違いがあることが、(1)の「変異」に対応している。そして、赤花個体の子孫は赤花を、白花個体の子孫は白花を咲かせるとしよう。この部分が、変異が子孫に伝わるという(2)の「遺伝」に相当するものだ。

　ここで、白花のほうが赤花よりも種子を食害する昆虫をより多く引き寄せ、次世代に残せる種子の数が少ないとしよう。すると、赤

花をつける個体のほうが、この集団では相対的により多くの子孫を残すことになる。これが、(3)の選択である。(1)(2)(3)を何世代にも渡って繰り返していくと、いずれ集団は赤花個体ばかりになることが期待される。昆虫に食べられにくい赤花という「適応的」で「有利な」性質が、自然選択によって集団に広まっていくということだ。

　(1)(2)(3)のいずれの要素が欠けても自然選択による進化は進まないことに注意したい。たとえば、(2)の「遺伝」の要素が欠けている状況を考えてみよう。すなわち、集団中に赤花・白花という「変異」はあるものの、赤花個体から赤花個体、白花個体のいずれもが、そして白花個体からも両方が生まれてくるような状況だ。この場合、白花個体のほうが食害されやすいという「選択」があったとしても、その効果が次世代に伝わらないので、赤花個体の頻度は増えていかないことになる。

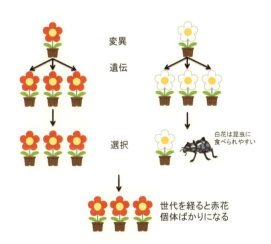

図1　自然選択の原理。集団中に赤花をつける個体（赤花個体）と白花をつける個体（白花個体）の2種類があり、花色は遺伝する。白花個体のほうが昆虫に食害されやすいとすると、世代を経て集団は赤花個体ばかりになると考えられる。

自殖と他殖はどちらが有利か？

　さて、このような自然選択の原理を踏まえて、植物はなぜ自家受精（自殖）をするのかという問題を検討してみよう。ある植物が自殖をするのは、自殖に何かしらの有利な点があるからであり、逆に自殖をせず他殖を行う植物は、自殖よりも他殖にメリットがあるからだと考えてみるということだ。

　まず、自殖の不利な点から説明していきたい。自殖のデメリットを初めて科学的に研究したのも、やはりダーウィンだった。ダーウィンは膨大な植物種について掛け合わせ実験を行い、自殖由来の個体は他殖由来の個体に比べて全体的に成長力や繁殖力が低いことを見出した。植物やヒトなど多くの生物で、自殖のような近親交配由来の子孫における繁殖力の低下や遺伝病の発症リスクの上昇が報告されており、このような現象を「近交弱勢」と呼ぶ。

　近交弱勢は、劣性有害突然変異[*1]がホモ接合で揃うことによって生じることが多いとされている。このような突然変異の多くは集団中にごく低頻度で存在するため、他個体との交配によって偶然ホモ接合で揃ってしまう確率は極めて低い。しかし、自殖のような近親交配を行った場合には、子孫で有害突然変異がホモ接合になるリスクは著しく上昇する。これが近交弱勢の仕組みである。

　ヒトの近交弱勢の例としてよく挙げられるのが、近親婚を繰り返したことで知られるヨーロッパの名門王家、ハプスブルク家である。とりわけ、ハプスブルク家最後のスペイン国王であるカルロス二世は、極めて病弱で多くの障害を持っていたと言われている。家系図に基づく最近の研究によると、カルロス二世のゲノム（全遺伝情報）

---

*1　父親由来、母親由来両方が同じもので揃った「ホモ接合」の際にのみ、有害な性質が現れる突然変異。

の近親交配度合いを示す「近交係数」は 0.254 であることが分かった。この値は、ゲノムのすべての遺伝子座のうち約 25% がホモ接合になっていることを示している。ハプスブルク家で本格的に近親交配が始まる前のフィリップ一世の近交係数は 0.025 と約 10 分の 1 に過ぎず、いかにカルロス二世のゲノムが近親交配の影響を受けているかが分かるだろう。

このように近親交配には明らかな有害効果がある一方、自殖を行う植物もまた多く存在する。自殖には近交弱勢を補って余りあるメリットがあるに違いないと考え、ダーウィンが最終的にたどり着いた答えが「繁殖保証仮説」だった。ダーウィンは、集団が隔離され交配相手が少ない状況や、花粉媒介昆虫が花に訪れる頻度が不安定な環境下では、一個体だけで確実に種子を残せる自殖性は、繁殖を保証するという観点で有利なのではないかと予測した。その後実際にベイカー（H. G. Baker）が、交配相手が減少する可能性の高い長距離分散を経た種は自殖性のものが多いという傾向を報告した。この傾向は「ベイカーの法則」と呼ばれ、ダーウィンの仮説を支持する証拠の 1 つとなっている。長距離分散の例としては遠く離れた島嶼への移動が挙げられる。1500 種以上のデータを集めた最新の研究では、島嶼では自殖する植物種の割合が約 60% である一方、大陸では 40% 程度で、島嶼で自殖する植物が多いという傾向が裏付けられている。

ダーウィンの提示した繁殖保証のほかに、自殖にはもう 1 つ重要なメリットがあると考えられてきた。その理論を提示したのがフィッシャー（R. A. Fisher）であり、数理統計学者として進化生物学の理論的基盤を築いたことで名高い人物だ。ダーウィンは近交弱勢という自殖の不利にまず着目したが、フィッシャーはむしろ基本的には自殖のほうが有利なはずだと考えた。他殖によって作られ

た種子では、父親（花粉親）と母親（胚珠親）は違う個体である一方、自殖によって作られた種子では父親も母親も同じ個体、自分自身である。つまり、自殖由来の種子は100%自分の遺伝子からのみ構成されていることになる（図2）。しかし、他殖由来の種子では、50%は自分由来であるものの、残りの50%はまったくの他個体由来である。このことは、他殖より自殖のほうが次世代への遺伝子の伝達効率が2倍良く、自分自身の遺伝子のコピーをより多く次世代に伝えることができるということを意味する。すなわち、自殖できるという性質は、他殖しかできないより有利であると考えられる。

これを踏まえてフィッシャーは、近交弱勢と遺伝子の伝達効率のバランスでそれぞれの植物種がどれだけ自殖するか（自殖率）が決まると考えた。具体的には、近交弱勢の強さ（他殖由来の個体の生存率に対する自殖由来の個体の生存率の低下）が $\frac{1}{2}$ 以下のときは他殖を促す性質が進化し、$\frac{1}{2}$ 以上のときは自殖を促す性質が進化するのではないかと予測した。「$\frac{1}{2}$」という値は自殖における「2倍」の遺伝子の伝達効率に由来する。つまり、伝達効率の有利さが近交弱勢の不利さに打ち勝つとき自殖が有利になるというわけである。

自殖の有利さ、不利さに関する論文はその後も多く出版されたが、基本的には近交弱勢・遺伝子の伝達効率・繁殖保証という3つの要素に帰着できる。遺伝子の伝達効率と繁殖保証はいずれも自殖の進化を促す自然選択圧であるが、互いに排他的なものではない。

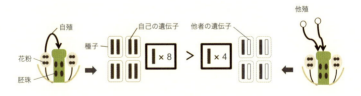

図2　自殖の他殖に対する遺伝子の伝達効率の良さ

自家不和合性の仕組みとその喪失

　ここまで紹介してきたのは、自殖にはメリットとデメリットがあり、デメリットが勝るときには、自殖を防ぎ他殖を促す性質が進化するだろうという予測だ。では、この「自殖を防ぎ、他殖を促す性質」とは具体的にはどのようなものがあるだろうか。そのもっともよく知られた仕組みが「自家不和合性」である。

　自家不和合性とは、自殖を防ぎ他殖を保証する遺伝的・生理的な仕組みの総称であり、バラ科・アブラナ科・ケシ科・ナス科・オオバコ科をはじめ、100 以上の科で報告されている。通常、花粉は雌しべの先端部である柱頭に付着すると発芽し、雌しべの中で花粉管を伸ばして胚珠に到達し、受精に至る。自家不和合性をもつ植物では、自己の花粉が受粉された場合、受粉から受精に至るこのプロセスのどこかが阻害される。

　ハクサイやセイヨウアブラナなどの栽培植物を多く含むアブラナ科植物に見られる自家不和合性を例に挙げて説明しよう。アブラナ科の自家不和合性をもつ植物では、自己の花粉が柱頭に付着しても、花粉が発芽できない、もしくは花粉管が伸長しないという現象が観察されている。この仕組みは分子レベルから近年非常によく研究されており、要は花粉側の遺伝子と雌しべ側の遺伝子が「鍵と鍵穴」のように働き、自己の花粉を認識していることが明らかになってきた（図3）。花粉の表面にはSCRというタンパク質があり、一方雌しべの先端である柱頭にはSRKというタンパク質がある。SCR、SRKは植物個体によって互いに大きく異なるかたち（アミノ酸配列）をもっており、自己の花粉のときには互いに結合し自家不和合性のスイッチになることが分かっている。一方、他家花粉のときにはSCRとSRKが結合しないようになっている。いわば、鍵（花粉

のSCR）と鍵穴（雌しべのSRK）が個体によってさまざまであり、自己の鍵と鍵穴のみが結合し、自家不和合性が働くようになっているのだ。

アブラナ科植物を広く見渡してみると、自家不和合性をもつ植物も、もたない植物も両方よくみられ、種の数で比べてみるとそれぞれ大体半分ずつくらいであることが分かっている。アブラナ科の共通祖先の段階で獲得された自家不和合性が、ある種ではそのまま維持され、別の種では失われた、という進化の歴史を反映していると考えられている。

アブラナ科のなかでも実験植物として非常によく用いられるシロイヌナズナ（*Arabidopsis thaliana*）を例に、この自家不和合性の喪失と自殖の進化についての私自身の研究を紹介しよう（Tsuchimatsu et al. 2010 *Nature* 464: 1342-1346）。この研究は、スイス・チューリッヒ大学の清水健太郎博士、東北大学の渡辺正夫博士、諏訪部圭太博士（現・三重大学）ら多くの方々と共同で行ったものだ。

シロイヌナズナは自家不和合性をもたず、おもに自家受精で子孫を残すが、ハクサンハタザオなどシロイヌナズナの近縁種の多くは

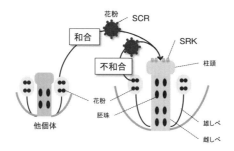

図3　アブラナ科の自家不和合性の模式図。自家花粉が柱頭についたときにSCRとSRKとの相互作用が起こり、花粉管伸長が阻害される。他家花粉が柱頭についたときにはこの相互作用が起こらず、花粉管が伸長して種子が形成される。

自家不和合性をもち、自家受精をすることができないことが知られている。シロイヌナズナは進化の過程で自家不和合性を失ったと考えられるが、私たちは、この進化は自家不和合性の鍵と鍵穴因子であるSCRとSRKが機能しなくなったために起きたのではないかと予想した。

　遺伝子配列を詳しく調べてみると、SCR、SRK各タンパク質をコードする遺伝子の断片がまだシロイヌナズナのゲノムの中に残っていることが分かった。世界中に広く分布するさまざまなシロイヌナズナ個体の遺伝子配列を網羅的に調べていくと、とある個体では、雌しべ側因子の*SRK*遺伝子は完全に機能する状態で残っている一方、花粉側因子の*SCR*遺伝子ではDNA配列がひっくり返っており（逆位と呼ぶ）、この逆位により遺伝子が壊れていることが分かった（図4）。この結果を踏まえ、*SCR*遺伝子のひっくり返った部分を人工的に元に戻しシロイヌナズナ個体に遺伝子導入したところ、なんとシロイヌナズナの自家不和合性が元通りに働くことが分かった。これら一連の調査・実験結果は、*SCR*遺伝子上に生じた逆位が、シロイヌナズナの自家不和合性を失わせ、自殖の進化に導いた突然変異であることを意味している。これにより、「鍵」と「鍵穴」の

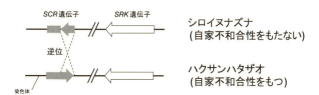

図4　シロイヌナズナのある野生個体における花粉側因子*SCR*遺伝子および雌しべ側因子*SRK*遺伝子の模式図。近縁種で自家不和合性をもつハクサンハタザオの遺伝子配列と比較すると、*SCR*遺伝子には逆位がみられたが、*SRK*遺伝子はとくに壊れていなかった。矢印は遺伝子が正常に転写される方向を示す。

うち、「鍵」側の遺伝子が壊れることにより自家受精が進化することを証明することができた。

私たちのシロイヌナズナの研究のほかにも、近年、自家不和合性がどの突然変異により失われて自殖が進化したのかを報告した論文が相次いでいる。それによると、多くの場合、自家不和合性の花粉側の遺伝子が壊れることにより自殖が進化しているようであり、「鍵」側の突然変異による自殖の進化は普遍的な傾向なのかもしれない。

自殖は進化の袋小路か

シロイヌナズナにかぎらず、自家不和合性が不活性化することで他殖から自殖へと進化する例は極めて多い。その一方で、逆に自殖から他殖への進化はあまり起こらないと考えられている。このような進化の不可逆性がなぜ生じるのか、最後に考えてみたい。

現在のところ、大きく分けて２つの理由が重要だと言われている。１つ目は、自家不和合性が不活性化するのは簡単だが、ひとたび不活性化するとその復帰はとても難しいという点である。いったん不活性化した自家不和合性を復帰させるためには、同じ遺伝子の同じ部位に、もう一度元通りにする突然変異が生じる必要がある。突然変異は基本的にはランダムな過程であり、元通りになる突然変異が同じ場所に生じる確率は極めて低い。それに比べると、自家不和合性の鍵と鍵穴因子のどこか１カ所に遺伝子を壊す突然変異が生じる確率はずっと高いと考えられる。

もう１つの理由は、自殖を繰り返すことによる集団の絶滅リスクの上昇だ。集団のどの個体も自殖を行うようになると、別の遺伝子を取り込み新しい遺伝子の組み合わせをつくる機会が少なくなり、

集団の遺伝的多様性が減少すると考えられる。ダーウィンの自然選択の原理の紹介でも触れた通り、集団中に変異があることは適応的な進化の原動力である。これが失われると、常に変化する生物的・無生物的環境に対応できず、自殖集団は他殖集団より絶滅しやすくなることが予想される。実際に、ナス科の系統樹を用いた最近の統計解析によると、自殖する植物の絶滅確率は他殖する植物より高く、自殖する植物はせいぜい平均20万年程度しか持続しないのではないかと推定されている。

　自殖には遺伝子の伝達効率や繁殖保証といった有利さがあり、自家不和合性が壊れることで集団中に短期的に広まることがあるかもしれない。しかし、集団の進化のポテンシャルを低下させ絶滅率を高めるという点で、長期的には集団にとって不利な性質であると予想される。一度進化したら戻れない、あとは絶滅を待つばかりという意味で、自家不和合性の不活性化による自殖の進化は「進化の袋小路」とも言われる。ただし現在のところ、自殖と絶滅確率の関係や、自家不和合性の仕組みの分子レベルからの研究は、アブラナ科、ナス科などごく限られた植物のグループで進んでいるのみである。より一般的な傾向であることを示すためには、さらに多様な植物で研究を積み重ねる必要があるだろう。

プロフィール

土松隆志（つちまつ　たかし）
1983年生まれ。2010年東京大学大学院総合文化研究科広域科学専攻博士課程修了。博士（学術）。チューリッヒ大学博士研究員、オーストリア科学アカデミー・グレゴール・メンデル研究所博士研究員などを経て、2016年より千葉大学大学院理学研究院准教授。

読書案内

◇矢原徹一『花の性――その進化を探る』（東京大学出版会、1995年）
　＊著者自身の研究の紹介を通して、植物の自家受精の進化など、花の性に関わるさまざまなトピックを解説している。

◇種生物学会編『ゲノムが拓く生態学――遺伝子の網羅的解析で迫る植物の生きざま』（永野惇・森長真一責任編集、文一総合出版、2011年）
　＊遺伝子レベルからの進化の最新研究の事例が多数紹介されている。

◇酒井聡樹・高田壮則・東樹宏和『生き物の進化ゲーム――進化生態学最前線：生物の不思議を解く（大改訂版）』（共立出版、2012年）
　＊ダーウィンの自然選択の原理に基づいて、生物のさまざまな性質の適応的意義を解説している。

iPS 細胞からヒトの臓器をつくる
——再生医療実現のための工学

酒井康行

　再生医療は、細胞や人工物、さまざまな刺激を与える増殖因子と呼ばれるタンパク質などを患者の体内に入れることで、患者の組織の再生を促すもので、臓器移植におけるドナー不足を解消する究極の治療としてその実現に高い期待が寄せられている。

　再生医療の重要な方法として生体組織工学（Tissue Engineering）がある。これは、1993 年に、三要素、つまり細胞・担体・増殖因子からなる組織構築方法として、アメリカの Langer と Vacanti により提唱された。つまり、生体内で徐々に分解する生体吸収性のポリマー担体で臓器や組織の形を作り、臓器の細胞を撒き、増殖因子を与えて細胞を増殖分化させ、臓器を人工的に作り、生体に移植するというものである。

　しかし、本当にヒトの治療に役立つような大型で高性能の臓器や組織を作り上げるためには、細胞を大量に得た上で、マテリアルや増殖因子をうまく使用して、生体外で組織を「構築・育成」する必要がある。私はこれを、三要素に加えて、「第四の要素」と見なしている。ここにさまざまな工学の出番があり、実用化が近づくにつれてその役割は大きくなっている（図 1）。ここでは、生体そのものと臓器・組織の中で細胞が置かれた微小な環境を理解し、それを人工的な手段で再構成するという作業を行う必要がある。

化学工学から人体を見る

　私が学んできた化学工学という学問は、工学の中の応用化学分野の1つであり、第1次世界大戦以後、アメリカの石油化学工業の勃興と共に発展を遂げてきた。つまり、物質や熱・運動量が伝わる現象や、物質の反応を定量的かつ実践的に扱うことで、目的とする物質の収率を最大化したり使用するエネルギーを最小化したりできるのだ。個別の反応装置とそれらが組み合わさった化学プラントの設計と操作条件の最適化を行うのが化学工学の役割であった。

　化学工学は、物質や熱・運動量の移動や物質の反応を伴う全ての現象に適用ができるもので、「方法論の学問」とも呼ばれる。ここ30年ほどは、この「方法論」を、エネルギー、環境、材料、バイオなどの分野に適用してきた。医療分野でも、さまざまな人工臓器の開発に化学工学が大きく役立ってきた。体内の老廃物を体外に出す膜型の人工透析器＝人工腎臓や、血液のガス交換を代替する膜型の人工肺の設計などが有名である。その後、ブタの肝臓の細胞を人工装置の中に入れて血液と物質交換をさせ、肝機能の低下した患者を救命するバイオ人工肝臓の開発などにも大きく寄与してきた。

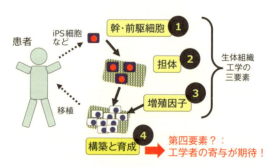

図1　生体組織工学の流れ

化学工学者から見れば、人体は究極の化学プラントの1つであり、研究のターゲットとして非常に魅力的である。私が研究室に入って研究を始めたのは今から約30年前で、ちょうど動物やヒトの細胞を培養して生理活性のある物質を生産したり、バイオ人工臓器に役立てたりといった研究が盛んになり始めたころであった。前者の研究は現在、新たな抗がん剤としての抗体医薬を、細胞を使って大量生産することに結びついている。一方、後者は、当初想定された臓器の一時的な機能代替という想定を大きく超えて、再生医療の研究へと展開している。最新の生物学・医学に関する知見に基づき、物質の反応・輸送の観点からヒトの再生医療に必要な細胞を大量に培養したり、高性能で大型の組織・臓器を設計し、図1のような生体組織工学に沿って再構築したりすることがまさに求められているのだ。

iPS細胞を培養して臓器を作る

　将来、iPS細胞（induced-Pluripotent Stem Cell）等を細胞源とした再生医療が実用化されるときのプロセスを想定してみると、図2のようになるだろう。現状はさておき、このように理想をまず描いてみることは、「最短で目的を実現する道を社会に示す」ことを目指す工学の立場からは極めて重要である。

　まず、未分化のiPS細胞を、さまざまな臓器に分化できる多分化能を保持したまま大量に増幅し、次に目的の臓器・組織細胞へと分化させる必要がある。その後、移植後に無秩序な組織を作ってしまう可能性のあるような未分化細胞を取り除くための分離精製を行い、移植に適した組織化の後、実際に移植をする。細胞や作り上げた組織・臓器の保存・輸送、品質評価といった課題も、地味ではあるが実用化のためには極めて重要である。

ここで重要なことは、iPS 細胞の増殖や分化に関する生物学研究の材料は専らマウスであり、その貴重な成果をヒトに適用するためには 2000 倍の規模の拡大を行う必要があるということである（マウス 30 g、ヒト 60 kg とした場合）。このプロセスの実現のためには、生物学的な課題の解決もさることながら、品質を保った上でいかにコストを下げられるか、という工学的課題の解決も極めて重要である。最新の基礎生物学・臨床医学、そしてさまざまなバイオテクノロジーの可能性を冷静に判断しつつ、プロセス全体を定量的に設計し、コストも含めて実際にプロセスを稼動させる責任がある。その過程では逆に、基礎生物学者や臨床医学者に、実用化の観点から解決すべき課題を提示していくことも重要となるであろう。

　理化学研究所を中心とするグループが 2014 年に行った iPS 細胞の世界初のヒト臨床適用は、現在の再生医療の課題を非常に端的に示している。なぜこの研究に、加齢黄斑変性症（網膜の中心部にある黄斑部の老化に伴う機能低下により視力が低下する病気）の治療としての網膜色素上皮細胞の移植が選ばれたのか？　それは、10^5 個程度（約 1 cm^2 の一層の細胞シート）の少数の細胞で高い効果が

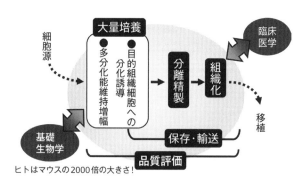

図2　細胞取得から移植までの再生医療のプロセス

期待できることと、iPS 細胞から得られる網膜色素上皮細胞は成熟度が高いこと、が理由である。中型から大型の臓器で、iPS 細胞から得られる細胞の機能が成人の細胞と比べて低い場合には、技術からコストまで、実現には多くの課題があるのだ。しかし、悲観的になってはいけない。そもそも研究とは、現状では困難なものを将来には可能とするためにある。

移植実現までの課題

一般に iPS 細胞を使った再生医療では、10^9 〜 10^{10} 個といった大量の細胞が必要であるが、ここ 10 年ほどの技術革新により、単に未分化状態の iPS 細胞をそのまま増やすだけなら、さほどの困難はなくなっている。問題はその後の分化誘導プロセスであり、多くの臓器では未熟な細胞を得るのが精一杯であること、分化誘導に多大なコストがかかることが問題である。

今の分化誘導プロトコールは、基礎の生物学者によって、シャーレを用いた小さなスケールの培養で開発されてきている。そこでは、分化誘導効率や高い機能を達成することが最も重要であり、そのためのコストは度外視される。iPS 細胞からの臓器細胞への分化誘導プロセスは、受精卵の発生過程を模倣して、未分化細胞が周囲から受ける生物学的シグナル群を時間と共に変化させるものである。具体的には、細胞にシグナルを与える複数種の増殖因子群を含む培養液を次々に数段階に変えていくもので、多様な増殖因子を高濃度で使用することとなり、それがコストを大幅に増大させてしまう。

もし、これをそのままヒト用に 2000 倍スケールアップすることを考えると、その膨大なコストに愕然とさせられる。例えば肝臓細胞や、膵臓の中の膵島と呼ばれる血糖値調整ホルモンを分泌する組

織への分化について、標準的なプロトコールを例に試算を行ってみた。すると、肝臓細胞で、初のヒト臨床として想定されている先天的遺伝子疾患（肝臓の代謝回路の異常をきたす）の治療に必須な細胞数＝最低でヒト全肝の1%程度の細胞（10^9個オーダー）を、iPS細胞から分化誘導するためには、培養液のみで約500万円かかり、もし全肝の多様な機能の総括的な代替を目指すとすると、30%程度の細胞（10^{10}個オーダー）が必要で約1億5000万円かかってしまうことになる。後者の膵島の場合は、ヒト個体と同数の細胞（約10^9個）を得るために約1億円がかかる計算になる。現状でも、コストを度外視すれば必要細胞数を得ることは可能であるが現実的でなく、実用化のためには、コスト削減に焦点を当てた格段の技術開発が必要となる。

　このためのアプローチとしては、おおよそ次の①〜⑤が考えられる。つまり、①別の組み換え細胞を用いて生産している増殖因子の生産コストを大量生産などで下げる、②増殖因子を同じ生物学的シグナルを与えられる安価な低分子化合物で置き換える、③増殖とその後の分化を自由に制御可能な前駆細胞集団までは少数の細胞を対象として分化誘導を行っておき、その後、大量に増殖させる、④未分化なiPS細胞を経由せず、例えば皮膚などから目的の細胞を直接得る（ダイレクト・リプログラミング）、⑤化学工学を駆使して培養方法の最適化を徹底する、などである。いずれも単独では劇的なコストダウンは難しいので、うまく組み合わせる必要がある。

　もう1つの大きな問題は個別の細胞の機能レベルである。iPS細胞から最終的に得られる臓器・組織細胞の機能は、成熟細胞と比べるとはるかに低く、胎児や新生児レベルであることが普通である。このことは基礎生物学の最先端の研究でも、未だに乗り越えられていない。この克服のためには、以下のような仮説が考えられる。例

えば、臓器は主要な機能を担っている「実質細胞」とその活動を支える「非実質細胞」とから成っているので、生体の発達と同じように両方を相互作用させつつ分化誘導をする必要は確かにあろう。もしかすると、マウスと異なり成熟に長い時間を必要とするヒトの場合には、生体外での分化誘導でも、単に長い時間が必要なのかもしれない。また、ヒトが成熟する過程で外界から得るような、さまざまな刺激も重要なのかもしれない。実際、出生後に発達する腸内細菌の代謝物が、未熟な肝臓細胞の成熟化に役立つという事実はある。しかし、決定的な答えはないのが現状で、まだまだ基礎研究を積み重ねる必要がある。

臓器細胞を低コストで培養するには

コストダウンのために化学工学者に期待がかかるのは、上述の⑤培養工学的な最適化である。具体的には、私は、図3に示すようにiPS細胞の凝集体を浮遊状態で培養しつつ、「流加・透析培養」を行うというのが回答であると思っている。第1のポイントは、研究

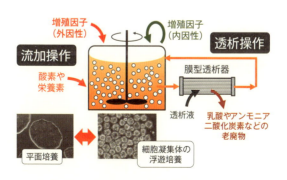

図3　効率的なiPS細胞の大量培養法

室レベルで一般的な iPS 細胞の平面培養でなく、数百個の細胞を凝集体に組織化してそのまま浮遊培養を行うことで、スケールアップや高密度化がはるかに容易になるということだ。

「流加・透析培養」という考え方自体は新しくはなく、細胞による生理活性物質生産のためのバイオリアクター開発での研究例はある。iPS からの心筋培養については、最近、初の報告がわが国のグループからなされた。体の中では、血液によって栄養素の供給や老廃物の除去が、細胞に合わせて非常にタイムリーに行われている。これを人工的に模倣したのが、「流加・透析培養」である。

iPS 細胞もしくは分化誘導の途中にある細胞は、成熟細胞と異なり、酸素を使わない「嫌気呼吸」が支配的であるため、大量のグルコースを消費して代謝物として乳酸を排出する。したがって、グルコースの不足を防ぐと共に、細胞に悪影響を与える乳酸を除去することが重要となる。グルコースは濃厚液を滴下して枯渇を防ぐことができる。このように重要な成分のみを添加する培養を「流加培養」という。これが第2のポイントである。

一方、分化誘導のための外因性の増殖因子の添加量は、コスト削減のために最小にしたい。そこで、大きな分子である増殖因子は通さず、小さな分子である乳酸を通すような「透析膜」を使って、増殖因子を細胞培養器の中に留め、乳酸を培養器外へと排出する「透析培養」を組み合わせる。これが第3のポイントである。ここでは、人工腎臓に用いられている「膜型透析器」の技術を使うことができる。また、実は細胞自身も増殖因子を合成・分泌していて、しかもその因子は自分自身に作用するものもある。透析培養を行えば、高分子量の内因性増殖因子を培養器内に留めて、その効果を活用できる。さらに培養器内の細胞密度を高めれば、外から加える増殖因子の細胞当たりの使用量を低く抑え、内因性の増殖因子の濃度を高

めてその効果をフル活用することができ、結果的にコストを削減することができるであろう。「凝集体浮遊培養」＋「流加・透析培養」は有力な手法だが、真にコストダウンに結びつく可能性のある「高密度化」やそれに伴う「内因性増殖因子の有効活用」の研究は始まったばかりである。

臓器設計に不可欠な酸素供給のしくみ

　次に、大量に得た臓器細胞を良好な状態で培養しつつ、移植用の組織を作り上げる必要がある。このときに最も考えなければならないのは、酸素を組織の中の細胞にどのように供給するかという点であり、ここで化学工学が役立つ。

　生体での酸素供給をまず振り返ってみよう。呼吸に必要な酸素は、体中に張り巡らされた血管と、水の70倍の酸素溶解度を持つ血液からなるシステムによって供給されている。肺で豊富な酸素を溶解した血液はポンプである心臓を経由して、パイプの役割を果たす太い血管から、実際に臓器の細胞に酸素を渡す毛細血管へと運ばれる。このシステムなしに、大型で高い細胞密度の我々の体は維持できない。

　さて水の70倍の酸素を溶かす血液中で、その$\frac{69}{70}$に当たる酸素は赤血球内に保持されている。血液の細胞以外の部分、すなわち血漿には、ヘンリーの法則で決まる$\frac{1}{70}$が溶解しているに過ぎない。毛細血管に面している細胞が少しでも酸素を使うと、赤血球 ⇄ 血漿 ⇄ 組織の平衡を取り戻すべく、酸素の迅速な供給が行われる。また、組織が直接に接するのは血漿に溶解している酸素であって、その濃度は最大でも13%程度と小さく（大気中は21%）、余分な酸化的障害の発生を抑制している。酸素は毒なのだが、効率的なエネルギー

生産には必須である。このために生物は、酸素による障害からの防御機構を併せて発達させている。

生体内では、軟骨などの特殊な組織を除き、ほとんどの細胞が最寄りの毛細血管から最大で約 200 µm 以内の距離に存在する。これは、血管のある断面に着目し、血管の内壁から離れる方向（血管半径方向）について、酸素の組織内分子拡散とその途中での細胞による消費を考えることで説明できる（図 4）。つまり、ある微小組織円筒（$r \sim r + dr$）においては、r の位置で内側から微小組織円筒に入る酸素の量と、$r + dr$ で外側に出る酸素の量は、フィックの第一法則で示され（時間変化がないときの分子拡散の法則、濃度勾配 $\dfrac{dC}{dr}$ に比例）、その差が微小組織円筒にある細胞で消費されるとするものである。この微分方程式は図 4 中に示したようになり、この解析解に内壁の溶存酸素濃度・組織中の酸素の分子拡散係数・組織単位体積当たりの酸素消費速度（＝細胞当たりの酸素消費速度×細胞密度）を入れることで、半径 r 方向の酸素濃度分布を得ることができる。平均的な組織で、酸素濃度がゼロとなる最大半径 R_{max} を計算するとおおよそ 100 〜 200 µm となり、生体内ではほとんどの細

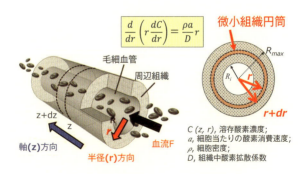

図 4　血管から周囲の組織への酸素供給の解析例

胞が最寄りの毛細血管から最大で約200 μm以内の距離にあるという事実と概ね一致する。

組織中の細胞は、呼吸によってグルコースなどの有機物を酸化し、得られるATP（アデノシン3リン酸。生体における「エネルギー通貨」とも呼ばれる）を使って生命活動を維持している。呼吸には、無酸素下で乳酸生産を伴いながらATPを合成する嫌気呼吸と、酸素を利用してさらに反応を進め、ATP合成効率を著しく高める好気呼吸（完全酸化）がある。いずれも多段階の反応であるが、全反応式としてまとめると、以下のようになる。

嫌気呼吸　$C_6H_{12}O_6 \rightarrow 2C_3H_6O_3 + 2ATP$
好気呼吸　$C_6H_{12}O_6 + 6O_2 + 6H_2O \rightarrow 6CO_2 + 12H_2O + 38ATP$

この反応式の通り、嫌気呼吸のみではグルコース1分子から2ATPが合成されるに留まるが、好気呼吸まで進めば38ATPが得られる。嫌気呼吸は細胞質で行われ、反応が単純で速度が大きいために緊急時のエネルギー供給で利用される。一方、好気呼吸はミトコンドリアを持つ生物のみが利用可能である。嫌気呼吸に比べて反応は複雑で遅いが、約20倍の高効率が得られることから、生体は平常時にはこの好気呼吸を多量に平行して動かすことで専らエネルギーを得ている。

移植組織をよりよく機能させるには

生体と同様に、再構築型組織への毛細血管網の配備は、生体組織工学の重要な課題であるが、依然として不可能であるといってよい。しかし生体は、旺盛な血管新生能を持っているので、移植後にはそ

れが利用できる。

そこで、血管がなくとも死なないギリギリの形状や大きさの組織を構築して移植し、生体内での血管新生によって、フル機能の発揮を期待するという現実的な戦略が生まれる。これに従えば、酸素が組織内分子拡散でしか供給されない場合でも、中心部の細胞が死なない程度の厚みを持ったシート状組織や、細胞凝集体といった形態の組織が、最も早く臨床に持ち込めるものとなる（図5）。これを超える細胞数が必要となる場合には、血管ネットワークを模倣したマクロ流路ネットワーク構造によって、「拡散」に加えて、主に「流れ」で酸素を供給する必要がある。そして、臓器移植と同じく移植時に患者の血管と縫い合わせて速やかに血流を導入する必要がある。また、そのマクロ流路から細胞への最大距離は、図4で示したような拡散と消費とで決まる長さの範囲内に抑えるべきである。このような大型の組織構築のために、3次元造形技術やバイオ・プリンティング（臓器印刷）といった技術が注目されている。

このように工学者は、生体外での組織構築から移植、生体内での

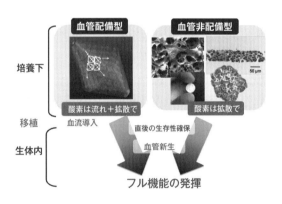

図5　酸素供給から見たときの移植組織の形態と生体内での機能発揮

血管新生を経たフル機能の発揮までを一貫したプロセスと捉え、最終的な治療効果を最大にするように、再構築型の組織と治療計画を最適設計すべきである。将来的には、これらのプロセスがおおよそ数理モデルで記述されることが理想である。そうすれば、例えば患者の状態に合わせて、どのような移植組織の質・量を構築して移植すれば、どの程度の治療効果が期待できるかがシミュレーションで予測できるようになるはずである。

再生医療の実現に向けて

　ヒトは 200 〜 250 種類の総計 37 兆個（3.7×10^{14} 個）におよぶ細胞から構成されているが（この 70％は赤血球）、これは全て1個の受精卵の中にある多分化能を持つ幹細胞から作られる。細胞の持つ遺伝子セットは個人では同一であり、多様な細胞が生み出されるのは、その発現パターン、つまり実際にどの遺伝子を使うか、が違うからである。したがって、ヒトの2万数千種類の遺伝子の発現を個別にオンオフできれば、原理的には、細胞の運命は人為的に自由に変えられるはずである。iPS細胞技術は、ある個別遺伝子群のオンオフが、上流でまとめて制御する転写因子と呼ばれる遺伝子の発現の制御によって可能となることを実証したもので、基礎生物学から臨床医学までその意義は極めて高い。

　しかし、私たちが心に留めておかねばならないことは、このような細胞の運命操作は、体の発達過程ではそもそも自律的に行われている、ということである。とすると、生体内で細胞の置かれた環境を今一度学び直し、それを最新の知見や技術を駆使して再現すれば、細胞や生体が本来持っている自己組織化能を、生体外でフルに引き出すことができるようになるはずである。やはり、生体のメカニズ

ムに関する基礎的な研究が、効率化やコストダウンを経た再生医療の実用化への鍵である。

参考文献

Nath. SC et al. (2017) 'Culture medium refinement by dialysis for the expansion of human induced pluripotent stem cells in suspension culture' *Bioprocess Biosystem Engineering* 40 : 123-131

Sardonini, CA and Dibiasio, D (1992) 'An investigation of the diffusion-limited growth of animal cells around single hollow fibers' *Biotechnology and Bioengineering* 40 : 1233-1242

Sakai, Y et al. (2010) 'Toward engineering of vascularized three-dimensional liver tissue equivalents possessing a clinically-significant mass' *Biochemical Engineering Journal* 48 : 348-361

プロフィール

酒井康行（さかい　やすゆき）
1964年東京生まれ。東京大学大学院工学系研究科中途退学。東京大学生産技術研究所・同大学大学院医学系研究科を経て、2016年より東京大学大学院工学系研究科・化学システム工学専攻・教授。専門は生物化学工学・生体組織工学。化学工学を基盤として、幹細胞の大量培養、再生医療や創薬のための培養組織構築に取り組んでいる。

読書案内

◇岩田博夫『生体組織工学——基礎生体工学講座』（産業図書、1995年）
　＊本書は、生体組織工学を構成する学問の基礎的な方法論とそれらの融合について、工学者の立場から体系化したものである。付録で、必要となる物理化学や化学工学について豊富な例を取り上げている点も貴重である。

◇日本人工臓器学会編『人工臓器は、いま』（はる書房、2013年）
　＊本書は、主な17種の人工臓器について、開発の歴史から現状・展望まで、豊富な写真や図と共に分かりやすく紹介している。そもそも、再生医療も人工臓器も「人体機能」を代替するものであり、それを歴史的な視点から概

観しておくことには大きな意味がある。

◇斉藤恭一『道具としての微分方程式——「みようみまね」で使ってみよう』(講談社ブルーバックス、1994年)
　＊本書は、熱や物質の移動が絡むさまざまな身近な現象を例に取り、微分方程式の立式から解法とその意味を、非常に分かりやすく述べている化学工学の入門書である。ある現象に遭遇したときに、背後にあるさまざまな法則をイメージできることは、工学者として最も重要なセンスであり、本書を丁寧に読めばそれを身につけるきっかけとなる。

II 自然の叡智に学ぶ

飛行機はどうして飛べるのか
―― 未来の航空機を考える

鈴木真二

　巨大な金属製の飛行機が多くの人を乗せてどうして飛べるのか？不思議に思っている方も多いと思う。ここでは、飛行機が飛べる原理を簡単に説明すると同時に、未来の飛行機についても考えたい。

　最初に私が飛行機の研究に関わるようになった動機から話を始めたい。名古屋市で育った私は、子供のころに戦後初の国産旅客機YS-11が小牧空港で初飛行したニュースに驚いた。当時はまだ戦後の復興期だったからだ。大学では、航空学科に進学したのも子供のころの記憶が関係していた。ただ、航空学科に進んだころ読んだ本によって、飛行機が単純な「あこがれ」ではなく、人の命を預かる重要な使命を背負っていることを知った。それは、当時NHK記者であった柳田邦男氏による、国内の連続航空機事故を扱った『マッハの恐怖』（フジ出版社）を読んだからだ。卒業後は、自動車関係の研究所に入社し、飛行機から離れていたが、大学に戻る前年の1985年、御巣鷹山のJAL123便の墜落事故があり、飛行機の安全性を確保するための研究が私のライフワークとなった。そのことは後で述べたい。

飛行の原理と飛行機の開発

　飛行機が安定して空中を飛行するためには、「重力」に釣り合う

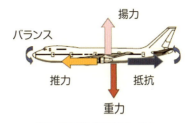

図1　飛行機に作用する4つの力

「揚力」という空気の力、また前進する際の空気「抵抗」に打ち勝つエンジンの「推力」が必要となる。しかもそれらは図1のように機体重心を中心として機体が傾かないように「バランス」をとっていなくてはならない。

　翼に作用する揚力や抵抗という空気力を最初に研究したのはニュートン（1643〜1727）と考えられる。ニュートンは空気の粒子が傾いた板に当たるとその反作用で流れに垂直な揚力と、流れに平行な抵抗が発生すると考えた。しかしながら、実際には、この考えでは飛行機を浮上させるほどの揚力は作れない(1)。理論が確立するにはさらに時間を要するのだが、それを待つまでもなく、人類は空を飛ぶことに成功する。ドイツのオットー・リリエンタール（1848〜1896）は、小さな板をヘリコプターのように回転させ、その際の揚力や抵抗を実際に計測することで、人を持ち上げることができる翼を持つグライダーを設計し、自作の丘から飛び降りることで滑空飛行に成功した（図2）。リリエンタールはドイツの工科大学を卒業し、自ら特許を持つボイラーを製造する工場を経営する技術者であった。弟のグスタフと鳥のように空を飛ぶことを夢見てグライダーの研究を行ったのだ。ただし、リリエンタールは1896年に飛行中に風にあおられて墜落し命を落としたため、エンジンを持

(Otto Lilienthal 1848 – 1896)

図2　リリエンタールの飛行と空気力計測装置(1)

つ飛行機の発明には至らなかった。

アメリカのウィルバー（1867 〜 1912）とオービル（1871 〜 1948）のライト兄弟は、リリエンタールの墜落死のニュースに接し、飛行機の開発を決意したと言われている。オハイオ州デイトンで自転車店を営んでいたライト兄弟は、当時のエジソンやフォードなどの発明家になることを夢見ていた。兄弟は、高校も正式には卒業していないと思われるが、その飛行機の開発は驚くほど科学的であった。リリエンタールが遺した空力データを基に、グライダーを設計し、故郷から遠く離れた大西洋岸のキティーホークの砂丘で飛行実験を行った。1901年のことであった。ただし、その飛行は悲惨であった。リリエンタールのように高い丘から飛び降りたわけではなく、強風に向かって飛行したが、墜落を繰り返した。計算通りに揚力が発生しなかったのだ。

ライト兄弟が用いた揚力の計算式 (2)

$$L = kV^2 SC_L = 210 \text{ lb}$$

$k = 0.005$　　　　　　スミートン係数
$V = 21\text{mph}$ (9.4m/s)　風速
$S = 175\text{ft}^2$ (16.3m²)　翼面積
$C_L = 0.545$　　　　　揚力係数（リリエンタール）

ライト兄弟が使用した揚力の計算式は、左の通りであった。揚力 L は、翼に当たる風速の2乗と翼面積 S の積に比例し、

風が翼に直角に当たった場合の空気抵抗はスミートン係数kを用いてkV^2Sと表現される。揚力は、その抵抗の比として揚力係数C_Lを掛けて表示され、揚力係数はリリエンタールが計測した値を用いた。風速と、翼面積は正確に計測できるので、兄弟はリリエンタールの係数を疑い、自ら風洞実験によって揚力と抵抗の計測を行うことにした。風洞実験とは、ダクトの中に風を流し、模型の翼に作用する揚力と抵抗を秤で計測する装置であり、その利用はライト兄弟が最初であった。その結果、間違っていたのはリリエンタールではなく、100年以上使われていたスミートン係数kの方であることを兄弟は突き止めた。さらに、ライト兄弟は様々な模型の実験を系統的に実施し、最適な翼形状を求めることにも成功した。その結果、1902年のグライダーは見事に空に浮かぶことができた。風洞実験は現在でも飛行機の開発に利用されるが、コンピュータを用いて揚力や抵抗の計算もできるようになっている。

　翼の揚力を有効に利用するには、機体を軽く製作せねばならない。ライト兄弟をはじめ初期の飛行機は木製のフレームに布を張りピアノ線を張り巡らせて機体を作っていた。当時は、鉄道の発達に合わせて軽くて壊れない橋の設計様式が確立する時代であり、ライト兄弟もそれに倣ったフレーム構造を採用した。その後、飛行機は大型化、高速化し、木製の機体は腐食の懸念もあり、軽量で強いアルミ合金の発明もあり、次第に金属製の機体に変化し、1930年代には空気抵抗の小さな流線形の機体へと進化した。

　1902年のグライダーを見事に乗りこなせたライト兄弟はエンジンを搭載する前に飛行機の特許を出願した。特許の主点は、主翼をねじって操縦する方式であった。リリエンタールは現在のハンググライダーのように自身の重心を移動して機体を操縦した。エンジンを搭載した場合にはそうした方法では限界があると感じたライト兄

弟は、大型の鳥が翼をねじって滑空する様子を観察し、その機構をグライダーに取り入れ特許とした。翼をねじると揚力が変化するので機体が傾き、それで旋回することができるのだ。その後の金属製の機体では翼をねじることは難しいので小さな翼素を動かすことで操縦を可能にしているが、その原理はライト兄弟の特許が起源となっている。

　グライダーにプロペラのついたエンジンを搭載すれば飛行機となる。ライト兄弟はそう考え、重量80kgで8馬力のエンジンが必要と試算したが、当時の自動車のエンジンはそれよりはるかに重かった。結局、自転車店で自作のエンジンを製作し、風洞実験の結果を利用して効率の良いプロペラを設計した兄弟は、1903年12月17日に人類初の動力飛行に成功した。当時のエンジンはピストンエンジンであったが、より高出力なエンジンとしてジェットエンジンが開発され、第2次世界大戦後に実用化された。ジェットエンジンは、回転するファンで空気を大量に吸い込みさらに圧縮させ、燃料を燃焼させ、高圧ガスを作り出し推力を作る。さらにそのエネルギーでタービンを回転させ、その回転はファンに伝わる。こうしたジェットエンジンは速く飛ぶほど大量の空気を吸い込むことができるので、高速で飛行することで効率が上がる。ただし、音の速さ（時速

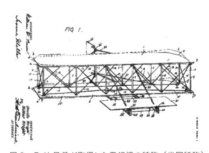

図3　ライト兄弟が取得した飛行機の特許（米国特許）

1000km ほど）に近づくと急激に抵抗が増加するため、ほとんどの飛行機は音速以下で飛ぶことになる。

飛行機の開発目標と未来の飛行機

こうした科学的な開発により、ライト兄弟は動力機の初飛行に成功した。最初の飛行は、12秒、13m というわずかな飛行であったが、その日の4回目の飛行では、59秒、260m という立派な記録を打ち立てた。

その後の、飛行機の発達は目覚ましかった。その開発目標は、「より高く、より速く、より遠く」というオリンピックの目標のようであった。ただし、21世紀になりその目標は大きく変化している。「より高く」に関しては、高度を上げすぎると空気が薄くなり、ジェットエンジンでの飛行は困難となり、「より速く」に関しては、音速を超えると大きな抵抗が発生するため、経済性において限界がある。「より遠く」に関しても地球は丸いので、地球の裏側より遠くに飛ぶ必要もなくなるからだ。

21世紀の飛行機の開発目標は様変わりしている。欧州で作成された航空ビジョン2020では、「more affordable」、「safer」、「cleaner

図4　NASAのイメージする未来の飛行機（NASA）

and quieter」という目標が掲げられている。より経済的で、安全で、環境に優しい飛行機が求められているのだ(1)。

　ここで、未来の飛行機について考えてみたい。未来を考えるのは楽しいが、それほど簡単ではない。経営学者のピーター・ドラッカー（1909～2005）は、未来について、「われわれは未来について二つのことしか知らない。一つは、未来は知りえない、もう一つは、未来は今日存在するものとも、今日予測するものとも違うということである」と述べている(3)。要は、未来は分からないということだが、ドラッカーは、未来を知る方法も二つあるとし、「一つは、自分で創ることである。成功してきた人、成功してきた企業は、すべて自らの未来を、自ら創ってきた。もう一つは、すでに起こったことの帰結を見ることである。そして行動に結びつけることである」と述べている。前者は分かり易いが、後者は少し説明が必要だ。過去に起きたことは、原因と結果が分かるので、それを未来に当てはめることができると言っており、ドラッカーは過去の出来事を「すでに起こった未来」と名付けた。「温故知新」ということであろう。

　世界の研究者は未来の飛行機を思い描き、例えばアメリカのNASAは図4のような飛行機も研究しているが、ドラッカー流にいえば、「未来は、今日予測するものとは違う」わけであり、これが必ずしも未来の飛行機というわけではないはずだ。

　私たちの研究室では、未来の飛行機は「落ちない飛行機」、つまり墜落することのない飛行機でなければならないと思い、研究を続けている(4)。残念ながら、今でも飛行機の事故はなくならない。旅客機の事故原因は、「操縦ミス」、「機械の故障」、「天候」の順であるとされている。最初に取り組んだ研究は「ベテランパイロットの操縦の技を分析」することであった。

ベテランパイロットの操縦の技を分析

　飛行機のコックピットには無数の計器が配置され、飛行の状況、機体の状態などをパイロットに表示している。パイロットは計器情報をもとに操縦を行えるのだが、着陸時にはライト兄弟の時代に戻って滑走路や地平線など外部の視界情報をもとに機体を操作する。現在の旅客機には自動操縦機能が備わっているが、離陸と着陸は基本的にはマニュアル操縦である。特に、着陸はエアラインのパイロットの腕が試される瞬間だ。パイロットはコックピットから見える水平線や滑走路によって機体の高度や速度、姿勢を把握し、安全に滑走路に着陸させる。パイロットの方もその技を経験によって無意識に身につけているので、説明は難しいという。

　そこで、私たちはコンピュータにパイロットの操縦を学習させ、どのように機体情報を把握し、操縦を行っているかを分析することにした。エアラインの協力を得て、訓練用のフライトシミュレーターによりデータを取得し、パイロットが得た視界情報からパイロットと同じ着陸操縦ができるようにコンピュータを学習させるのだ。実際には、脳の神経細胞を模擬した人工脳神経網（ニューラルネット

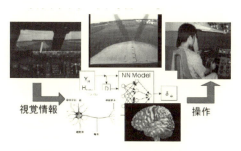

図5　パイロットの操縦を学習する人工脳神経網。視覚情報から操縦までの情報処理・操作をニューラルネットワークに学習させる(4)。

ワーク)にプログラムによる学習をさせた。実験では、ベテランの機長の操縦を模擬させたプログラムと新人パイロットの操縦を模擬させたプログラムを比較し、両者の違いを分析した。私には、同じような着陸操縦に見えたが、分析結果には大きな違いが出た。コックピットからは様々な視覚情報が得られるが、ベテランの機長は必要な瞬間に、必要な情報を適切に選び出して操縦に利用していることが分かった。もちろん、こうした分析結果は、パイロットの操縦訓練に取り入れられるようになった。

故障した飛行機を飛ばし続けるシステム

飛行機は自動で飛べるようになったが、何か異常が発生するとパイロットの腕が試される。現在の自動操縦は、正常な状態で機能するように設計されているので、飛行中に故障などが発生すると操縦はパイロットのマニュアル操縦に任される。複数あるエンジンのうち1基が停止するなどのケースは通常の訓練でカバーされるが、経験したことのない故障に関しては、墜落の危機が迫ることになる。パイロットは、どこがどのように故障したのかを操縦しながら診

図6　無人航空機による耐故障飛行制御システムの飛行試験(4)

断し、適切な操縦方法を編み出さねばならない。私たちは、そうした場合に、人工脳神経網などによって、飛びながらそうした操縦方法を自動的に探索するコンピュータシステムを開発している。故障に耐えられる自動飛行システムという意味で耐故障飛行制御システムと呼んでいる。

　耐故障飛行制御システムの最初の飛行実証は、無人航空機によって実施された。ビジネスジェットを模擬した無人航空機が、飛行中に右翼の先端が破損して外れたというシナリオで実験を行った。右主翼の面積が小さくなるため、左右の翼の揚力と抵抗がアンバランスとなり操縦は極端に難しくなる。耐故障飛行制御システムは、各操縦入力を試して使い、安定して飛行できる方法を飛びながら学習することができる。2011年1月、鹿児島県の枕崎空港で実験が行われたが、民間機を対象とした試験は世界初であった。この研究は、経済産業省のプロジェクトとして産官学の共同で実施された。

　その後は、JAXA（宇宙航空研究開発機構）との共同研究として、JAXA保有の実験用航空機 MuPAL-α を用いた飛行実証試験を行っている。2015年に行った飛行試験では、2013年にアメリカのナショナル・エアラインズの貨物機（ボーイング747）がアフガニスタンの空港を離陸直後に墜落した事故を参考とした。事故では、荷物が離陸直後に移動し、操縦が困難になったことが原因とされ、飛行試験では、重心位置が飛行中に後方に移動した場合を想定した。調布の飛行場を離陸し、太平洋上で飛行試験を実施し、重心移動時にもパイロットが操縦しなくても耐故障飛行制御システムが機体を安定的に飛行維持できることを確認した。現在、欧州の研究者とも共同研究を開始したところであり、早期の実現を目指したい。

無人航空機の研究

私たちの研究室では、耐故障飛行制御システムの飛行試験に無人航空機を使用したこともあり、無人で飛行できる航空機（最近ではドローンと呼ばれることが多い）の研究も行っている(5)。ドローンは、GPSを用いて、目的地まで自動で飛ぶことができる。具体的には、複数の衛星からの信号を受信し、自機の位置を自動的に計測し、さらに目的地までの飛行コースを認識し、コースからのずれや、指定された飛行速度とのずれを自動制御によって補正する。機体にカメラやビデオを搭載すれば、空撮を自動で実施することも可能になる。

こうした特性を生かし、2011年、東日本大震災で発生した津波により関東で被害を受けた千葉県飯岡海岸での被害状況調査を研究室で実施した。電動で飛行する無人機を、手投げで離陸させ、手動で高度150mまで上昇させる。後は、決められたコースを自動で飛行し、動画や静止画を撮影して着陸する。低高度を飛行するため、

図7 AEDを自動空中搬送するドローン(5)

高解像度の写真が取得でき、組み合わせれば高解像度の広域画像を簡単に得ることができる。最近では、画像処理技術の発達により、画像を合成して地形の3次元データを得ることもでき、災害時の調査のほか、建設現場での測量への応用も始まっている。最近では、複数のプロペラで飛行するマルチコプターも急速に普及し、被災地や過疎地で緊急物資を届ける物流分野での期待も高まっている。

　私たちの研究室でも、2015年に千葉県のゴルフ場の協力を得て心臓発作のための医療機器AEDをドローンで自動搬送する実験を行った。コース上で倒れた病人の位置を入力して、ゴルフクラブ前から自動離陸させ、15m上昇後、直線コースを飛行させ、自動着陸させることに成功した。現在は複数のドローンが衝突なく飛行できるような無人航空機の運行管理システムの研究を、産官学のコンソーシアムを作り行っている。

昨日の夢は今日の希望

　世界の旅客輸送はアジアの経済成長を受けて今後20年間に倍増するといわれている。そのため、今後さらに多くの旅客機が作られ、多くの人が空を飛ぶようになると予想されている。また、無人航空機、つまりドローンも様々な目的で、有人機が飛行しない低高度を飛び交うようになると期待される。飛行機の未来は大きく変わることが予想されるが、その未来を作るのは若い方々の夢である。20世紀の初めに人類初の液体ロケットの実験を行ったアメリカのゴダード教授（1882〜1945）は、「不可能なことを証明するのは難しい。それは、昨日、夢だったことが、今日の希望となり、明日には現実になる」からだと、つまり、不可能と考えられる夢のようなことが、希望をもって研究すれば、現実になった例が多いからだと

説明している。ロケットで月旅行をする彼の研究論文に対して、「作用反作用で推進するロケットが、力を支える物体のない真空の宇宙で機能する訳はない」と一般紙は非難した。ロケットによる宇宙飛行が実現したのは、人々の嘲笑を浴びながらロケットの研究を続けた彼の死後であった(6)。若い方々の不可能といわれるような夢こそが、未来を作る原動力なのだ。

プロフィール

鈴木真二（すずき　しんじ）

1953年生まれ。1979年、東京大学大学院工学系研究科修士課程修了。豊田中央研究所を経て、1986年、工学博士取得後、東京大学助教授。1996年より東京大学教授。日本航空宇宙学会会長（第43期）、日本機械学会副会長（第95期）、国際航空科学連盟（ICAS）理事など。

参考資料と読書案内

(1) 鈴木真二『飛行機物語――航空技術の歴史』（筑摩書房、2012年）
(2) 鈴木真二『ライト・フライヤー号の謎――飛行機をつくりあげた技と知恵』（技報堂出版、2002年）
(3) ピーター・F・ドラッカー『創造する経営者』（上田惇生訳、ダイヤモンド社、2007年）
(4) 鈴木真二『落ちない飛行機への挑戦――航空機事故ゼロの未来へ』（化学同人、2014年）
(5) 鈴木真二『ドローンが拓く未来の空――飛行のしくみを知り安全に利用する』（化学同人、2017年）
(6) https://en.wikipedia.org/wiki/Robert_H._Goddard

柔らかいロボットをつくる
——粘菌に学ぶ自律分散制御

梅舘拓也

「機械を生物に近づけたい。生物を機械システムとして理解したい」。中学生ぐらいの時、映画好きのおばさんの影響で『ターミネーター』や『ジュラシック・パーク』などの映画を何度も、何度も、何度も見て、その度に興奮し、強くそう思ったのを今でも覚えている。大学に進み機械設計や制御という学問に触れる機会を得たが、なにやらしっくりこない。例えば、ロボットの腕を動かすためには関節の角度を制御しようとする。対して、僕らが足や腕を動かす時「この関節の角度を θ 度にして……」なんて考えたことはない。さらに、身体の作りも生物と機械とはだいぶ違う（読書案内『知能の原理——身体性に基づく構成論的アプローチ』参照）。知れば知るほど、僕らが機械やロボットと言われて思い浮かぶものと生物に隔たりがあることに気づく。そんな疑問を胸に「じゃあ、自分で作ればいいじゃないか！」と意気込んだのが大学２年生の時だった。ここでは、そんな僕の研究を少し紹介しようと思う。

「自律分散制御」とは？

生物の動きを理解する鍵となるのが、自律分散制御であると考えられている。自律分散制御とは、単純な知覚・判断・行動出力の機能を持つ要素（自律個）が多数集まり相互作用することで、大域的

に非自明で有用な機能を創発させる制御方策であり、ボトムアップ的な制御則であると言える。生物システムを注意深く見ていくと、このような仕組みをたくさん見つけることができる（読書案内『非線形科学』参照）。例えば蟻のコロニーでは、群れを構成するそれぞれの個体を自律個と考えると自律分散制御で機能していると言える。女王蟻がすべてを仕切っているわけではなく、それぞれの蟻のそれぞれの行動や判断がコロニーを維持し、集団・社会として機能しているからだ。また、僕らの身体のそれぞれの関節を制御する神経を自律個と考えると、手が熱いものに触ると大脳にそれが伝えられる前に手を引っ込める「反射」なども自律分散制御だ。生物の体には、他にもたくさんの自律分散的制御が組み込まれていることが知られている。その証拠に、条件さえ揃えてやれば除脳ネコ（外科的手術により大脳皮質と皮質下の連絡を絶った状態のネコ）でさえも——人間が速度に応じて「歩く」から「走る」に脚の運び方を切り替えるように——移動速度に応じて脚の運び方（歩容）を変える。

　これに対して現在のロボティクスでは、頭（コンピュータ）で全部考えて、その命令に手足を従属させるという中央集権的、トップダウン的な制御手法が主流となっている。僕らが手足を動かす時には大脳がすべてを制御していると考えてしまいがちだが、実はそれだけでは上手く動くことが出来ないことを、先程挙げた反射や除脳ネコの事例は強く示唆している。僕ら人間も含め生物は、中央集権的な制御だけではなく、自律分散制御を上手く組み合わせることで、40億年という激烈な環境変動の中を生き残ってきたのである。

もっとも原初的な生物に着目する

　生物の自律分散制御を学ぼうと思った場合、どの生物をお手本に

すればいいだろうか。僕らが考えたのは、最低限の設定から基本論理を探るというミニマリスティック・アプローチだった。つまり、もっとも原初的な生物であるアメーバ様単細胞生物「真正粘菌変形体」から学ぼうと考えた（図1、以下「粘菌」と略する）。この生物は単細胞生物であるが、実は賢い生物としても知られている。迷路の入口と出口の最短経路を見つけ出したり、人間が何百年とかけて作り上げた交通網そっくりのネットワーク構造を作ることができる（読書案内『粘菌　その驚くべき知性』参照）。僕らは、この生物のもっとも基本的な運動であるアメーバ運動をロボットで再現することが第一歩だと考えた。そこで、自律分散制御の核となるものを見いだせたら、もっと高度なロボットにもそれを適用することが出来るんじゃないのか、と考えたのだ。

　粘菌はマヨネーズのような生き物で、ゲル状の細胞膜（外皮）とゾル状の原形質から成る。この外皮の中には僕らの筋肉の元になっているアクトミオシン・ファイバが分布していて、2〜3分周期に収縮運動をする。僕らの目には止まっているように見えるが、カメラのタイムラプス機能を使って撮影すると、進行方向に収縮波（厚み振動）が伝搬していく様子を観察することが出来る。この周期的な収縮運動は、細胞内の化学物質濃度の周期的な変動によって生み出されていることが知られている。つまり、生化学的な振動子――いわば時計のようなシンプルな制御器――がこの生物の身体の各所に埋め込まれていると考えられる。

　単細胞生物なので、僕ら多細胞生物のように神経や脳がない。脳や神経は情報を処理するのに特化した器官だ。それらがないということは、上記の生化学的な振動子同士の相互作用でその振る舞いは生み出されたと言っていい。つまり、この生物は完全な自律分散制御（ボトムアップ方式）で、1つの生物として動きを生み出してい

るわけだ。相互作用のうちの1つは、化学的なものだ。化学物質は拡散によって徐々に周りに広がっていくので、隣り合っている振動子ぐらいは影響しあっていると考えていい。問題は、離れた振動子同士がどうやって相互作用しているかだ。神経もないので情報は飛ばせない。しかし、1つの細胞として機能しているということは、離れている振動子同士もなんらかの相互作用をしていないとおかしい。

そこで僕らが注目したのは、力学的な相互作用だった。この単細胞も細胞膜という1つのゲル状の膜によって包まれている。その内側には原形質が流れているのだが、その原形質は外皮の収縮運動により原形質流動が起こっている。2〜3分の周期で、血管状に張り巡らされたチューブ内（図1を見てほしい）を行ったり来たりしている。細胞膜はゴム風船のような1つの閉じた膜なので、非常に単純化して言うなら、原形質という液体の入ったゴム風船のような身体を持っているのが粘菌という生物だ。この風船の片側が縮んだら、その力は風船の中身（原形質）を介して、別の部位に伝わらないわけがない。そこで僕らは、この力学的な相互作用を上手く使うことで、粘菌は1つの生き物として機能しているのではないかという作業仮説を立てた。つまり、振動子によって収縮運動する外皮の各部

図1　モジホコリ（*Physarum polycephalum*）の真性粘菌変形体

位が、原形質から受ける圧力を感じて振動子のリズム調整がなされることで、原形質の押し合いへし合いを介して、アメーバ運動などの全体として意味のある振動パターンが生成されているのではないか、と考えた。

単細胞を模したロボットを作る

僕らの仮説を検証するためには、ロボットを作ってみるしかない。ここでの問題は、それをどうやって実現するかだ。まず、この生物の周期的に収縮弛緩するブヨブヨの外皮を再現するために、僕らはバネのように外力で伸び縮みする柔らかいアクチュエータ「可変弾性要素」を開発した（図2-d）。図2-dのコイルばねをモータによ

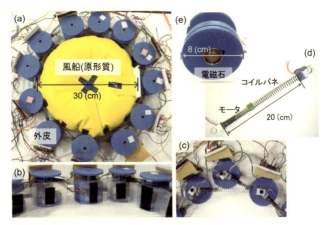

図2　ロボットSlimy
a：ロボットの全体像。
b：ロボットの外皮の部分を内側から見た様子。
c：風船を取り外して上から見た外皮。
d：粘菌のアクトミオシンファイバを模した可変弾性要素（コイルばねをモータで巻き取ることにより、自然長を動的に改変可能な柔らかいアクチュエータ）。
e：地面（鉄板）と接着するための電磁石を外皮の円柱状のポールの底面に埋め込んだ様子。

り強制的に巻き取ったり開放したりすることで、コイルばねの自然の長さを動的に変化させ、粘菌の外皮のアクトミオシン・ファイバの収縮弛緩運動を再現した。これを12本、風船の周りに配置しアメーバ様ロボットとした。風船はこのロボットの原形質に当たるもので、ある可変弾性要素が縮んだら、その力が風船を介して別の可変弾性要素にも伝わることをねらったものだ。この風船は、粘菌に敬意を表し、黄色の風船を採用した（図2-a）。

各アクチュエータの制御器としては、粘菌の生化学的な振動子を模して、位相振動子を採用した。これはセンサや別の振動子からの入力がなければ、単位円の上を固有の速度で移動する振動子で、時計のようなものである。その位相（時計の針が位置する場所）に応じて、コイルばねの自然長を変化させることで、粘菌の周期的な収縮・弛緩運動を再現した。隣り合う可変弾性要素同士でばらばらに伸縮しないように、隣り合う可変弾性要素の制御器（マイコン）同士は有線で接続し、粘菌の化学的な拡散的相互作用を再現した。

このロボットの特徴は、アクチュエータや風船も含め「柔らかい」ことにある。この特徴は、モータや金属素材などの剛体的な材料のみで作られた従来の「硬い」ロボットとは一線を画している。このアクチュエータは実際の長さを制御するのではなく、自然長のみを制御していることもポイントである。マイコンで制御する自然長と実際の長さにわざと齟齬が生じるように設計し、その齟齬の値がなるべく小さくなるように振動子がリズムを調整するというフィードバックを入れることによって——風船の押し合いへし合いを介して——離れている振動子同士が相互作用するようにした。この齟齬は、バネの端点に付けた力センサにより計測する。また、これらのアクチュエータの伸縮運動だけであると、内力だけでアメーバ運動を実現できないため、振動子の状態に応じて地面（鉄板）との接地

摩擦を切り替える機構も実装した（図3-e）。そして、このロボットを *Slimy* と名付けた。

中枢のない柔らかいロボットが動く！

　自分たちが作った仮説がはたして正しいかどうかを検証するために、粘菌が餌や好ましい環境に向かって移動する「走性」をこのロボットを使って再現することとした。実際の粘菌は、餌などの好ましい刺激（誘引刺激）を感じた箇所が柔らかくなることが知られている。これを参考に、このロボットの半分が誘引刺激を受けたものとして、可変弾性要素を柔らかく設定した[*1]。初期の状態ではすべての振動子の収縮するタイミング（位相）を同じ値に設定して、ロボットを駆動させた。

　はじめはすべての可変弾性要素は同じタイミングで収縮・弛緩をする。しかしゴム風船があるので、すべての可変弾性要素が同時に収縮すると、それぞれの可変弾性要素の自然長と実際の長さに大きな齟齬が生じる。この齟齬を小さくするために、各振動子で収縮するタイミングの調整がなされる。硬い側の半分が収縮するときは柔らかい側の半分が弛緩し、硬い側の半分が弛緩するときは柔らかい側の半分が収縮した方が、各可変弾性要素の齟齬がなるべく小さくなるように全体として収縮・弛緩できる。このようなお互いの齟齬が小さくなるような振る舞いが、各可変弾性要素の自律分散的な力学的なフィードバックによって形成される。隣同士の振動子が同じ位相にする拡散的相互作用と相まって、最終的には後ろから前に進行波を作り、アメーバ様運動を実現することが確認された！　この

[*1] コイルばねの柔らかさ・硬さは自然長と反比例するので、バネの自然長を変動させる中心を長く設定することで柔らかく設定した。また、可変弾性要素の硬さは、そこにセンサなどを付けて、そのセンサの値によっても決められるから、完全に自律分散的なロボットと言える。

ロボットが実際に動く動画はウェブページで公開しているので、是非見てほしい（https://takuyaumedachi.wixsite.com/mysite/research-blog）。

このロボットは、粘菌が情報を統率する脳や神経がなくても、1つの生命体としてあたかも目的を持ったように振る舞う様を見事に表現している。その振る舞いは自律分散制御から生まれるのだ。少なくともこのロボットでは、それぞれの筋肉のような柔らかいアクチュエータが伸び縮みして、外から受けた力によって伸び縮みするのが難しい場合には、伸び縮みするタイミングをずらしていくメカニズムが入っているだけだ。この研究事例は、ロボットのボディ、アクチュエータとそれに組み込むローカル・ルールを上手く設計してやると、情報を集約して判断し、各部に命令を下す中央がなくても機能することを示している。どういう風に設計すれば上手くいくのだろう。この研究から言えることは、ロボットのボディやアクチュエータに機械的に柔らかい素材を使って、柔らかい素材にかかった無理な力が解消するようにローカル・ルールを設計すれば、その形態や拘束条件（この場合は風船による外皮に囲まれた面積が一定という条件）に逆らわないような自然な振る舞いを、ロボット自身が自然に見つけてくれる、ということだ。

骨格のない「イモムシ」との出会い

ここで疑問が湧く。風船と柔らかいアクチュエータを使ったアメーバ様ロボットでは上手くいった。他の形態を持ったロボットではどうだろうか？　アメーバ型ロボットに取り組んだのは、東北大学の博士課程後期と博士（工学）になってからの2、3年間だった。その後、日本学術振興会の特別研究員PDになって広島大学に移っ

たのだが、その制度の手引を見ると「海外の研究機関で武者修行をしてくることを奨励する」と書いてある。そこで、以前研究室を訪問させてもらったタフツ大学のバリー・トリマー教授が、柔らかいイモムシロボットを作ろうとしているのを聞きつけ、そこでポスドク（研究員）をやることにした。柔らかいロボットを作りたい。その想いを胸に、恩師の石黒章夫先生のつてを頼っての渡米だった。

そこは生物学の研究室で、タバコスズメガという蛾の幼虫、つまりイモムシを研究対象としていた。柔らかい生物というだけでロボットの設計のお手本にイモムシを選んだのだが、トリマー先生の熱弁を聞いたり、調べ物をしたりするうちに、とても面白い生物であることを知る。まず、イモムシには骨格がない。体節構造をとっているが身体はブニョブニョしていて、とても制御しにくそうだ。自分の身体のどの部分でも曲げることが出来たらと想像してみてほしい。どう動かせば前に進めるだろう？　身体のどこでも変形させることが出来るなら、どの部分をどのタイミングで曲げたり、縮めたり、ひねったりすればいいか？　ブニョブニョした身体は3次元的に変形するから、それらの組み合わせは無限大と言える。一見動かすのにすごく頭を使いそうな体を持っているのに、その生物の中に入っている神経細胞の数は僕ら哺乳類に比べるとすごく少ない。そこには自律分散制御則が入っているに違いない、と考えた。

イモムシロボットに同じ制御則を適用する

それまでにロボット系の学会やジャーナルなどで発表されていたイモムシロボットは、多数のモータを数珠状につなぎ、それぞ

れのモータの角度を制御してイモムシの動きを再現するというものだった。モータは基本的にはコイルで出来ているため重くて高価である（最低数千円以上はする）。僕らはこれを柔らかい素材で3Dプリントして、なるべく少ないモータで駆動しようと考えた。それで開発したのが図3のロボットである。モジュール構造になっており、梁の部分が柔らかい素材で、端の部分が硬い素材で造形されている。モジュールにモータがついており、プーリーによって釣り糸を巻き取れるようになっている（図3-b）。釣り糸はイモムシロボットの腹面に張ってあり（図3-c）、釣り糸を巻き取ると梁が曲がるように設計されている（図3-d）。梁の部分が柔らかく、もう1つのモジュールと連結した場合、釣り糸の巻き取りによって生成された波は別のモジュールにも伝わってしまうように出来ている。

　僕らはこのロボットに、先に紹介したアメーバ型ロボットに入れた制御則と全く同じものを実装した。具体的には、各モジュールの

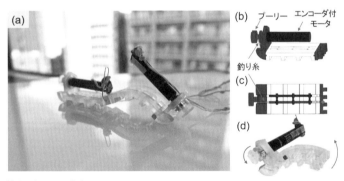

図3　イモムシロボット
a：モジュール構造イモムシ型ロボット Caterpilike。
b：1モジュールの CAD 図。白色の部分はゴム状の素材で、灰色の部分は硬い素材で 3D プリントした。
c：腹面の釣り糸が張ってある様子。
d：モータがプーリーを回すと、釣り糸が巻き取られて、梁状の部分が曲げ運動を行う。これを2つつなげた状態が a である。

制御器として位相振動子を採用し、モータに仮想的な柔らかさを持たせた状態で、釣り糸を振動子の位相に応じて周期的に巻き取るようにマイコンにプログラムを書き込んだ。モータには仮想的な柔らかさを持たせてあり、また柔らかい梁は曲げられたら元の形に戻ろうとするので、巻き取る釣り糸の長さの目標値に届かない。これを齟齬として、アメーバ型ロボット同様に振動子にフィードバックした。モータの仮想的な柔らかさに強弱をつけてやると、硬い方から柔らかい方に向かって曲げが伝搬して、イモムシロボットが進み出した！　この成果は、*Bioinspiration & Biomimetics*という雑誌と、ロボット系では著名なIROSという学会で発表できた。このムービーもウェブページで公開しているので見てみてほしい。

自分の手で触れて、自分の頭で考える

このようなロボット作りをする際に常に心がけているのが、実際の生き物に触れてみるということだ。ニュースや論文ばかり見ていると、生物はすべて解明されているかのような印象を受けるかもしれない。解明が進んでいるのは、マウス、ラット、大腸菌、線虫などの遺伝子の解析がほぼ終わっているモデル生物と言われる生き物たちだ。しかし、そんなモデル生物でもまだまだわかっていないことが多い。動きが絡むと、材料力学、流体力学、レオロジー（流動学）まで考えなければいけなくなり、さらにそれらが遺伝子発現や神経メカニズムと相互作用するため、複数の分野の研究者が協力しないと太刀打ちできない。

また、これらの動物は、実験室で飼育されている時の振る舞いはよく観察されているが、自然環境でどのように振る舞っているのかはまだまだわかっていないことが多い。最近、この分野はバイオロ

ギングという一大分野を形成しつつある。生物は多様な振る舞いを自ら生み出して、絶え間なく変化し続ける自然環境の中で生き残ってきた。だが、この多様な振る舞いが、限定された環境下で行われる生物実験で削ぎ落とされてしまう。例えば、先に紹介した粘菌が迷路を解く研究は、粘菌が2つの餌の間の最短経路を結ぶ性質を使っているわけだが、この実験の前に数時間から半日の間、餌をやるのをやめて飢餓状態にする。これがないと実験結果がばらつきわかりにくくなるからだ（僕らだってお腹がペコペコの時と、いっぱいの時では、感じ方や振る舞いは全く変わる）。わかりやすい結果が出るように条件を追い込むという作業が、生物学者が論文を書く前にある。限られた環境での効率を最重要視する、工場で使うためのロボットの設計においては、生物の限定された環境下での振る舞いを真似する方がいいのかもしれない。でも、僕らの日常生活でも活躍するようなロボットを作ろうとした時に、果たして同じことが言えるだろうか？

　生き物の本当の姿を見たければ自分で触ってみるしかない。そして、しばしば、そのような多様な振る舞いが日常生活で活躍するロボット作りにはすごく参考になったりする。まだまだ世界は未知でいっぱいだ。ドキドキ、わくわくすることがたくさんある。この文章を読んで感化された人たちと、一緒にロボットを作り、落胆したり、驚嘆したりできたらと思う。

プロフィール

梅舘拓也（うめだち　たくや）

2009 年、東北大学大学院工学研究科にて博士（工学）取得。2012 年より Tufts University の生物学部に所属し、イモムシの動力学、神経生理の研究で高名な Barry Trimmer 教授のもとで、イモムシ型のソフトロボットの設計・制御を研究。現在、東京大学大学院情報理工学系研究科特任講師。ERATO 川原プロジェクトで、アクチュエータの設計やデジタルファブリケーションを用いた製造方法の研究も含めた、ソフトロボットの開発を行っている。

読書案内

◇ Pfeifer, R., & Bongard, J.『知能の原理――身体性に基づく構成論的アプローチ』（細田耕・石黒章夫訳、共立出版、2010 年）
  ＊生物のボディ・デザインを参考にしたロボット設計について書かれた本。このような考え方を持つ研究者は、まだまだマイノリティである。

◇蔵本由紀『非線形科学』（集英社新書、2007 年）
  ＊さまざまな物理現象や生物の動きを、リズム現象として理解できることが書かれた本。

◇中垣俊之『粘菌　その驚くべき知性』（PHP サイエンス・ワールド新書、2010 年）
  ＊本稿でロボット作りのお手本として登場した「粘菌」について詳しく書かれた本。雑誌 *Sience* や *Nature* に掲載された粘菌の知能についても触れられている。

匂い源探索ロボットをつくる
—— 昆虫科学が拓く新しい科学と技術

神崎亮平

　地球上には180万種を超える生物種が生息するが、昆虫は実にその半数以上を占めるもっとも多様な生物グループである。昆虫が地球上に出現したのは約4億年前だが、古生代石炭紀の地層から、現在われわれが目にする昆虫と変わらない形をした昆虫の化石が発見されている。これは昆虫の構造と機能が古くから環境変化に対して高い適応性（知能）をもっていたことを示すものと思われる。昆虫はその微小な寸法という、われわれから見れば制限要因とも思われがちな条件の中で、微小な脳神経系を進化させ、反射、定型的行動、学習や情動行動、さらにプリミティブながらも顔認識などの認知的な行動という、哺乳類にも匹敵する多様な行動様式を獲得した。このような比較的シンプルな神経系により、さまざまに変化する環境に適応する仕組みは、哺乳類の複雑な脳神経系や、複雑化するロボットをはじめとする機械の設計とは対照的である。生物が進化を通して獲得した、環境に適応する仕組み（知能）の解明には、昆虫は最適なスケールのモデルと言える。

　われわれが昆虫を対象に感覚や脳、行動を研究する目的は大きく2つある。1つは、昆虫の脳もヒトの脳も同じ構成素子であるニューロン（神経細胞）からなり、神経系の構築も類似の遺伝子に支配され、共通の機構をもつことから、ヒトを含めた生物に普遍的な脳機能を理解するためである。

もう1つは、昆虫の優れた感覚や行動の仕組みを理解することで、環境下で適応的に振る舞うための設計指針を得るためである。昆虫の行動からは、われわれの想像を超えた能力を見出すことができる。例えば、複眼を使った衝突回避行動、アクロバティックな羽ばたき飛行、垂直な壁も難なく踏破する6脚による歩行、触角でかすかな匂いをかぎわけ、餌やパートナーを探り当てるような能力である。このような能力を生む仕組みは未解明であり、工学的にもまだ実現されていない技術である。昆虫がもつ能力を工学的に再現し、利用できれば、人や環境にやさしく、エネルギーコストの面からも優れたモノづくりに役立ち、従来とは異なる新しい切り口からわれわれの安全で安心、快適な社会の構築に貢献できるものと期待される。

　ここでは、後者の工学的にはまだ実現されていないような昆虫の能力の解明がどのように行われているかを、昆虫の特に秀でた能力と考えらえる匂い源探索を中心に紹介する。このような研究を通して、昆虫科学が新しい科学や技術の創出に貢献していること、さらには工学における新しい手法が昆虫科学から開拓されつつあることがわかるものと思う。

昆虫が匂い源を探索する行動の仕組み

　ここで注目するのは、匂い源探索であるが、風が吹く自然環境下で匂いがどのように分布しているかはご存じだろうか。実は、自然環境下では、匂いは空中に連続的な濃度勾配によって分布しているのではなく、小さい多数の断続的なパルス状の塊（フィラメントという）となって浮遊している。しかも時々刻々とその分布状態が変化している。視覚や聴覚のように連続的に伝播する情報とは異なる。したがって、自然環境下で匂い源を探索するのは容易なことではな

いことは想像に難くない。それゆえ、匂い源探索は、工学分野ではCPT（Chemical Plume Tracking）といわれる難問の1つとなっていることもうなずけるだろう。

一方で昆虫は、そのような自然環境下で実に数キロメートルにもわたる匂い源定位を実現しているのである。ここでは、昆虫の匂い源探索の行動とそれを起こす神経機構や情報処理を中心に紹介する。匂い源探索には、匂いを検出するセンサも重要であり、センサと情報処理が一体となってはじめて確立される技術である。匂いセンサについては「読書案内」で紹介した筆者らの書籍を参照していただきたい。

図1Aは、カイコガ（Bombyx mori）の写真である。カイコガのオスはメスの匂い（フェロモンという）を触角で検出すると、それをたよりにメスを探索する生得的な行動を起こす。オスはフェロモンの匂いを感知すると、図1Bのように匂いを検知している間だけまず反射的に前方に直進歩行をする。匂いがなくなると左右に次第にターンの角度が大きくなるジグザクターン、そして回転歩行からなるプログラム化された歩行パターンを示す。そして、フェロモンを検出するたびにこの一連の行動パターンをはじめから繰り返すのだ。匂いは、上述のように空中に不連続にパルス状に分布し、分

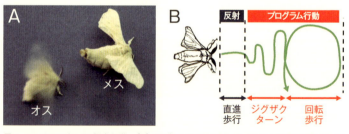

図1　オスカイコガのメス探索行動。（A）羽ばたきながら歩行によってメスに定位するオスカイコガ。（B）フェロモンにより発現するオスの定型的な歩行パターン。

布状態を時々刻々と変える。したがって、匂いのパルスの頻度が高くなれば、直進歩行が繰り返され、匂い源に向かってまっすぐに進む。一方、パルスの頻度が低くなれば、ジグザグターンや回転歩行が組み合わさった複雑な軌跡を描くことになる。カイコガはこのような行動パターンのセット・リセットを環境下の匂いの分布状態に依存して、繰り返すことで匂い源への定位に成功していることがわかってきた。

昆虫の匂い源探索の能力を搭載したロボットの能力

将来、カイコガの匂い源定位の能力が再現できて、それにより匂い源探索ロボットを作製した場合、そのロボットはどれほどの能力を持つだろう。それを確認するためにまず、昆虫の身体を移動ロボットに置き換えた「昆虫操縦型ロボット」を製作した。このロボットの仕組みはいたってシンプルだ。図2Aのように背中を固定されたカイコガは、空気圧で浮上させたボールの上を歩行する。その歩行によってボールは前後左右に回転するので、それを光学センサで計

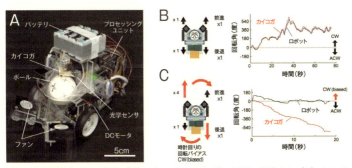

図2　昆虫操縦型ロボット（A）。（B）ロボットはカイコガの動いた通りに移動する。（C）カイコガの動きと異なるようにロボットを操作しても、カイコガは瞬時に回転角を補正し、ロボットの動きを修正して、フェロモン源に向かわせる。

測し、ロボットの運動として忠実に再現させるわけだ。

　フェロモンを与えるとこのロボットはカイコガと同様に直進・ジグザグターン・回転の一連の移動パターンを示した。ロボットを風洞内のフェロモン環境下に置くと、一連の行動パターンを繰り返してフェロモン源に定位することができた。カイコガとロボット間で、定位時間、移動速度ともに有意な差はなかったことから、このロボットはカイコガの匂い源探索の能力を適切に再現していると考えられる（図２B）。この結果から、将来われわれがカイコガの能力をたとえば神経機能のレベルで再現できれば、匂い源探索の機能を備えたロボットを十分に作り出せることがわかる。

　さらに、カイコガの能力を搭載したロボットの能力を確かめるために、カイコガの操縦に対してロボットの行動出力を左右非対称に片側の出力のみを４倍に変更してみた（図２C）。このような操作を加えてカイコガに意図しない回転運動（バイアス）を与えたとき、もしカイコガ自身がこの操作を打ち消す仕組みを備えていれば、補正を行いながらフェロモン源に到達するはずである。この打ち消す仕組みこそが、状況に応じて行動を適応的なものに変える能力（知能）と考えられるが、はたしてそれほどの能力が、この微小な昆虫の脳に秘められているのだろうか。

　結果は、カイコガは驚くべきことに瞬時にバイアスのかかった回転を補正し、８割以上の確率でロボットをフェロモン源に定位させたのだ（図２C）。つまり、カイコガは自分の身体が脳からの命令通りに動いていない場合、脳から運動系に出力する命令（行動指令信号）を変えることで、ロボットが命令通りに動くように補正して、匂い源に向かわせたことになる。今回のようにバイアスをかけた状況では、カイコガは命令通りの動きでないことを視覚フィードバックの情報を使うことで、適切に補正していることがわかった。カイ

コガは自身の動きを常に検出しながら、匂い源探索を行っていたわけだ。

　このような変化に対して適応的に行動を補正する機能が昆虫のわずかに 1 mm 程度の脳による情報処理により実現されているのだ。その脳内機構については、遺伝子・ニューロン・神経回路、さらに脳領域にいたるさまざまな階層から徹底的な分析が進められている。詳細については、「読書案内」で挙げた著書をご覧いただきたい。ここでは昆虫の神経系の特徴を最初に紹介し、続いて匂い源探索を起こす神経機構についてその概要を紹介しよう。

昆虫の脳神経系

　生物の脳はニューロン（神経細胞）から構築されるが、構成素子であるニューロンの構造や機能は生物種間で共通している。一方で、昆虫の脳（10 万）は、ヒトの脳（1000 億）に比べ桁違いに少ないニューロンからできている。哺乳動物の脳は、一般にカラムや層（レイヤー）を構成する多数のニューロンが機能単位となっているが、昆虫の場合は、ニューロンの形態と機能から特徴付けられる「同定ニューロン」が多数あり、それら同定ニューロンあるいは同定可能な少数のニューログループが機能単位となっている。昆虫の神経系の研究は、このような「少数」と「同定」という特徴を活かし、神経系を構成する要素（ニューロン）レベルからその構造と機能を明らかにすることで理解するという方法がとられてきた。

　カイコガでは、嗅覚、特にフェロモン情報処理に関わるニューロンを中心にこれまで約 1600 個でその形や応答が調べられ、BoND（*Bombyx* Neuron Database）というデータベースに登録されてきた。その一部は、理化学研究所神経情報基盤センター（NIJC）の「比

較神経科学プラットフォーム」(https://cns.neuroinf.jp/) で管理し、公開している。このようなデータベースを使って、個々のニューロンの形態と神経応答を基にして、神経回路の再構築がコンピュータシミュレーションも活用しながら行われている。昆虫の場合、1つ1つのニューロンの形態と神経応答が神経回路を再構築するうえでの鍵となる。

"サイボーグ昆虫"で探る匂い源定位の神経機構

昆虫のからだは、頭部・胸部・腹部に分かれるが、それぞれの部位には頭部神経節（脳）、胸部神経節、腹部神経節といわれる神経節がある。神経節とはニューロンが神経回路を構成し、情報処理を行う場である。それぞれの神経節は縦連合により連結される。胸部神経節には歩行や飛行パターンを形成する基本的な神経回路があ

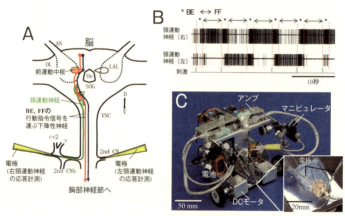

図3 サイボーグ昆虫。(A) 脳内の前運動中枢から2種類の行動指令信号（BEとFF）が下降性神経により胸部神経節に伝達される。(B) 左右の頸運動神経から計測したフェロモン刺激に対する応答。BEとFFの応答からなる。(C) サイボーグ昆虫は、頸運動神経の信号（B）を吸引電極（A）により計測し、その信号で動く。

る。一方、行動の開始と終了、左右へのターンや回転などの行動指令信号は脳で形成され、下降性神経によって胸部神経節に伝達される。今回注目している匂い源探索に関係する行動指令信号は、脳内の前運動中枢で形成されることがわかってきた。

これまでの神経系の解析から、カイコガの前運動中枢から下降する行動指令信号のなかに、フェロモン刺激によって刺激直前の活動状態（興奮または抑制）を反転して刺激後もその状態が保持される電子回路の記憶素子である「フリップフロップ」と類似する特徴的な応答パターンを示すものが見つかった。それゆえ、この神経応答は「フリップフロップ（FF）応答」と言われる。さらには、フェロモン刺激に対して、直後に一過的に興奮応答（Brief Excitation: BE）を示す行動指令信号も明らかになった。その後の解析から、このBEがフェロモンで起動される直進歩行、そしてFFが直進に続くジグザグターンと回転歩行の行動指令信号であることが推定された。しかし、この推定を検証することは容易ではない。

そこでわれわれはこれまでにはない全く新しい手法を考案した。ここで登場するのが行動指令信号で動く「サイボーグ昆虫」である。つまり、匂い源探索に関わると推定されたこれら2つの行動指令信号によって移動ロボットの動きを制御するわけだ。もし、これらの

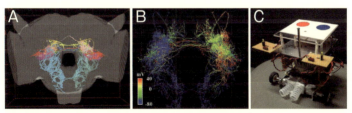

図4　スーパーコンピュータ「京」による前運動中枢の神経回路モデルのシミュレーションと匂い源探索ロボット。（A）カイコガの標準脳内に再構築した前運動中枢の神経回路。（B）前運動中枢をつくる神経回路の一部を再構成し、シミュレーションを行った。ニューロンの膜電位をカラーで表示した。（C）神経回路モデルで制御される匂い源探索ロボット。

信号が予想通りに匂い源探索の行動指令信号であれば、その信号で動くロボットも匂い源を探索するはずである。これらの信号を運ぶ下降性神経を詳しく調べてみたところ、うまい具合に頸を左右に回転させる頸運動神経に収斂することがわかった（図3A）。そこで、この頸運動神経の活動（図3B）によって、ロボット（図3C）の動きをコントロールすることにした。

　頸運動神経からの信号は、触角や複眼のある頭部をロボットに固定し、左右1対のマニピュレータという位置を制御できる装置に取り付けたガラス電極を使って計測した（図3A、C）。計測した信号はアンプを通してPCに入力し、モータを制御することでロボットの左右の駆動輪を回転させた。ロボットの直進速度は左右の頸運動神経活動の和に、回転角速度は左右の活動の差に比例するように設定した。この「サイボーグ昆虫」は、触角をフェロモンでパルス的に1回刺激したところ、カイコガの歩行パターンである直進とその後のジグザグターン、そして回転を示した。また、風洞内では、設置したフェロモンに反応して匂い源探索をはじめ、約70%の率で匂い源に到達した。同じ条件では、カイコガであればほぼ100%がフェロモン源へ到達するが、解剖などの条件を考えれば、約70%の到達率はサイボーグ昆虫がカイコガの持つ定位能力を再現したものと考えている。

　このような結果から、脳内で形成された一過的な信号（BE）とフリップフロップ信号（FF）が、カイコガの匂い源探索行動の行動指令を担っていると結論した。したがって、フリップフロップ信号のような特徴的な信号を形成する脳内の神経回路が明らかになり、その神経回路モデルでロボットを操作すれば、ロボットは匂い源を探索するはずである。そこで、フリップフロップ信号を形成する脳内の神経回路を明らかにすることにした。

昆虫の神経回路モデルの構築と匂い源探索ロボット

　上述の通り、カイコガの脳を構成する個々のニューロンの3次元構造と機能の網羅的データベース化が進められ、ジグソーパズルのピースを使ってパズルを完成させるように、神経回路の精緻なモデルが構築されつつある（図4A）。ニューロンの3次元構造から精密に再現した神経回路モデルの活動をシミュレーションするわけだが、そのためには、1つのニューロンの複雑な構造を数千個の部分（コンパートメントという）に分割し、コンパートメントごとの神経活動を計算する必要がある。そのため、多数のニューロンからなる神経回路の場合、その神経活動をリアルタイムで見るためには膨大な計算を高速に処理できる計算機が必要となる。実測の結果、昆虫の嗅覚系全体を作る1万個のニューロンでは、なんと10^{15}フロップス（1秒間に浮動小数点数演算が何回できるかを表す値）もの計算量が必要となる。

「京」というスーパーコンピュータはご存じだろうか。「京」の計算速度がまさに、10^{16}フロップスである。そこで、われわれはこのような神経回路モデルのシミュレーションを実行するために「京」にニューロンシミュレータである「NEURON」を実装し、苦労してチューニングを行った。その結果、ニューロンの複雑な構造を反映させた場合でも、1万個程度のニューロンからなる神経回路モデルにおいてリアルタイムシミュレーションを可能とする環境構築にはじめて成功したのだ。これは現在世界最速レベルのシミュレータとなっている。小規模ながらも匂い源探索の行動指令信号を作る前運動中枢の神経回路モデルを構築し、「京」でシミュレーションを行ったのが図4Bである。現在、さらに大規模な神経回路モデルを構築中である。簡略化した神経回路モデルを実装したロボットが

匂い源探索をできることはすでに確認されている（図4C）。今後、さらに詳細な神経回路モデルを実装することにより、ロボットはより効率的に匂い源探索ができるものと考えている。

　以上、匂い源探索を中心に昆虫の機能を再現することで、これまでの工学的手法では実現しなかった能力を実現するという新しい工学が昆虫科学から始まろうとしていることを紹介した。その背景には、環境下で進化により獲得された生物の能力には、現在の人工知能にはない、人や環境にやさしい仕組みが潜んでいるという事実がある。そのような生物がもつ知能をいかにわれわれが活用するかは、これからの重要な課題でもある。

プロフィール

神崎亮平（かんざき　りょうへい）

1957年和歌山県高野口町生まれ。1986年筑波大学大学院生物科学研究科修了。博士（理学）。筑波大学生物科学系教授を経て、2004年東京大学大学院情報理工学系研究科教授。2006年東京大学先端科学技術研究センター教授、2016年4月より所長。サイボーグ昆虫、昆虫機能を再現した匂いセンサや探索ロボット、昆虫脳の京コンピュータによる再現など、生物の環境適応の能力に関する研究を行う。

読書案内

◇神崎亮平『ロボットで探る昆虫の脳と匂いの世界——ファーブル昆虫記のなぞに挑む』（フレグランスジャーナル社、2009年）
  ＊微小サイズの世界で活躍する昆虫の特徴から始まり、昆虫の感覚や脳、そして行動へと話が進み、人間とは違う「昆虫の世界」や「昆虫の能力」が解き明かされる。さらに、最新の生物学・情報学・ロボット工学によって、ファーブルの残した「昆虫の匂い源探索の謎」の解明がどのように行われているかをわかりやすく紹介し、読者を昆虫の匂いの世界へと誘う。

◇神崎亮平『サイボーグ昆虫、フェロモンを追う』（岩波科学ライブラリー、2014年）
  ＊数キロメートル離れた所から漂うフェロモンの匂いを頼りに、メスを見つけ出すオスのカイコガ。米粒ほどの小さな脳でありながら、優れたセンサと巧みな行動戦略で、工学者に解けなかった難題をこなす。そんな昆虫脳の働きを、1つ1つのニューロンをコンピュータ上にモデル化し、シミュレーションすることで明らかにする。

◇光野秀文、櫻井健志、神崎亮平「昆虫に学ぶ匂いバイオセンサ」、日本昆虫科学連合編『昆虫科学読本——虫の目で見た驚きの世界』(東海大学出版部、2015年)
  ＊4億7900万年前のオルドビス紀初期に地球上に出現した昆虫は、現在わかっているだけでも100万種が存在する。動物群のじつに4分の3を占め、種多様性がもっとも高く、進化的に成功している昆虫を、現役の研究者たちが科学の目で読み解く18話。

きのことカビとバイオマスと
―― 微生物の酵素によるバイオマス利用

五十嵐圭日子

「当たり前の生活」という言葉を聞いたとき、読者の方はどのような生活を思い浮かべるであろうか？ 暑いときはクーラーをつけ、寒いときは（トイレの便座にまで）暖房を入れる。自分が出かけたいときは車や電車、時には飛行機に乗って好きな場所へ出かける。ＰＣやタブレット、スマホを開けば瞬時に世界中の情報が手に入り、お腹が空けば冷蔵庫から何かを出すか、冷蔵庫に食べたいものがなければコンビニへ行って食べたい物を買う。仕事場に近いところのマンションに住み、自分の体に合った（センスの良い）服を買い揃え、ちょっと風邪を引いたら薬を買うなどなど。これらは日本をはじめとするいわゆる先進国ではすでにほとんどの人が手に入れている生活であり、それらが当たり前のようにできることこそが「発展した国」の証であるというのが現代の価値観である。かく言う筆者も、この原稿をフィンランド（もちろん先進国である）で、インターネットにつないだタブレットを使って書いており、上に書いた項目の１つでも満たされないと「不便だなぁ」と思うのは読者の皆さんと全く変わりない。

それではもう少し世界全体を見渡してみると、このような生活ができている人は地球上で何人くらいなのであろうか？ 北米やヨーロッパ（もちろん日本も入っている）などの先進国の人口は10億人強でそれ以外の国は60億人に満たないくらい、おおざっぱに言

うと地球上で7人に1人しか私たちが当たり前だと思っている生活ができておらず、残りの6人はその「当たり前の生活」を手に入れるために国を発展させようとしている状態である。しかし、国際シンクタンクの「グローバル・フットプリント・ネットワーク（http://www.footprintnetwork.org/）」によると、1961年には人間は地球の生態系が供給する資源の3分の2しか消費していなかったが、2014年には資源の消費量が1961年の2倍近くに達し、すでに地球が1.5個ないと今の私たちの生活はできなくなっているという。さらにこのままのペースで人口が増加し、残りの6人が自分たちの住む国を発展させたとすると、2050年に人間が「当たり前の生活」をするためには地球が2個必要になるらしい。このような話を聞いていると「地球って何個あったっけ」と思わず質問したくなる。グローバル・フットプリント・ネットワークの計算によると、2014年は1年間に使ってもよい資源を8月19日までに全て使い切っていた（アース・オーバーシュート・デーと呼ばれている）らしく、2013年と比較すると1日短くなっているらしい。つまり、2014年は残りの8月20日から12月31日の4カ月ちょっとは、本来世界中の人が全ての活動を止めて、爪に火をともして、いや、そんなことすらできずに暮らさないといけなかったことになる。この現実を知れば、私たちがいかに地球に負荷をかけながら「当たり前の生活」をしているかがわかっていただけるのではないだろうか。筆者がバイオマス変換の研究に興味を持ったのも、そのような状況を知ったことが始まりである。

バイオマスとは

「バイオマス」という言葉は、生物という意味の「bio」と、量と

いう意味の「mass」を組み合わせた造語である。色々な生物の重さを全部足し合わせて考えるので、キログラム（kg）とかトン（t）という単位になるわけであるが、最近はそれがもう少し意味を持った形になって「生物資源」という定義として使われるようになった。その範囲は莫大で、有機物はほぼ全てが含まれることになる。光合成によって自らの体を作っている草や木などの植物（独立栄養生物）は当然のことながら、その植物が固定した有機物を利用して自分たちの体をつくっている従属栄養生物も、全て「バイオマス」であると言える。このようなバイオマスを利用しようという活動は、最近起こったことのように多くの人が感じられているかもしれないが、人間の生活の三要素である「衣・食・住」を詳しく見ていくと、実はそれほど新しい動きでも特殊な活動でもないことがわかる。例えば私たちが普段着ている「衣」を考えてみると、Tシャツに使われているコットンは綿花であるし、ウールのセーターは羊毛、独立栄養生物か従属栄養生物かの違いはあるにせよ、どちらもバイオマスそのものである。「食」に至ってはその傾向はもっと顕著であり、動物（昆虫を含む）や植物、微生物（きのこはスーパーマーケットでは野菜コーナーに並べられているが、れっきとした微生物である）以外のものを食べている人はいないはずで、基本的に私たちが口にするのは全てがバイオマスなのである。現代、特に都市に住む人の場合は「住」に関してはだいぶバイオマスの比率が下がってしまうが、今でも日本で新築される住宅の半分が木造建築であることを考えると、バイオマスの比率が低いとは言えない。すなわち、生活の基本となる「寒さをしのぐ（衣）」「飢えをしのぐ（食）」「雨風をしのぐ（住）」に関しては、いまだに（すでに）多くの比率でバイオマスが利用されていると言える。

　それでは筆者が言っている「バイオマスを利用する」とはどうい

うことなのだろうか？　それは現代社会でバイオマスが利用されていないものを探してみると、簡単に理解することができる。例えば、まさに私がこの原稿を書いているＰＣやタブレットはどうだろうか？　アルミニウムの筐体にプラスチックのキーボード、内部にある基盤の構造を考えても、バイオマスが使われているところを見つけるのはほぼ不可能である。私たちが移動するときに使っている自動車や飛行機はどうだろう。木のタイヤで動力までもがバイオマス（馬）だった馬車や、木の車、木の飛行機などは、前世紀どころかすでに前々世紀の遺物ではないだろうか？　石炭（コークス）を使って精錬された鉄のボディに石油由来の化学塗料で色を塗って、ガソリンを燃やして動いている現代の自動車におけるバイオマス利用率の低さは、筆者が説明をするまでもないだろう。私たちが服用する薬もそのほとんどが石油化学の産物であるし、都市で住んでいるのは、コンクリートでできた高層マンションである。

　これらは全て現代人が「衣・食・住」という生活の基本要素を満たした後に「プラスアルファ」をするための代物である。つまりタブレットのように「より便利に」、薬のように「より長く」、現代の乗り物や多階マンションのように「より広く」生きるため、すなわち人間がより良い生活を追求している部分こそ、バイオマスの比率が極端に低いところなのである。

石油や石炭もバイオマス？

　ここまではバイオマスが地球上の有機物のほぼ全てであることや、現代人が現代的な生活をしているところでいかにバイオマスの使われ方が少ないかを書いてきたが、実は１つ隠し事をしてきた。それは、石油や石炭など「化石資源」と呼ばれている資源のことで

ある。これらをまるでバイオマスの反対側に存在しているかのように書いてきたが、よくよく考えてみると間違っていることに気づく。石炭は数億年前に生えていた大型のシダ植物の化石だし、石油は動物や藻類の化石である。これらが「化石資源」と呼ばれるのはそのような理由からであり、何億年も経っているとは言えもともとは生物であったことは明白な事実である。そう、はじめに書いた定義から言えば石油も石炭も立派なバイオマスなのである。「バイオマスの利用」と言うと、まるで石油や石炭などの化石資源に依存した生活をやめて、その代わりに木や草のように再生産（切ってもまた植え育てることができるということ）が可能なバイオマスを使っていきましょうというニュアンスに聞こえるかもしれない。しかしながら、それは筆者が言う「バイオマス利用」とは若干考え方が違う。もちろん木や草を使うことがバイオマスを利用することではあるのだが、必ずしも石油や石炭を使ってはいけない訳ではない理由が、そこには存在するのである。

　例えば、現在私たちが使っている化石資源がどのように作られたかを考えればわかりやすい。石油や石炭がまだ生物の死骸であった

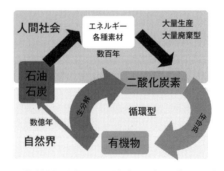

図1　地球上における炭素循環の仕組み。人間社会が石油や石炭から二酸化炭素を一方通行で排出しているのに対して、自然界では生合成と生分解を循環型で動かしている。

頃は、図1に示したように今から数億年ほど前である。もちろん見届けることはできないのであるが、現代の生物の死骸もそのまま放っておけば数億年後にはきっと化石資源になるのであろう。しかし、その化石資源を私たち人間が使いきるのは使い始めてから数百年と言われている。つまり私たちはたった数百年という時間スケールで、数億年かけてできた化石資源を使い切ろうとしており、この行為こそが筆者が問題視しているところなのである。これをザックリと計算すると、現代人は地球上で化石資源が蓄積する速度の100万倍の速度でそれを消費していることになる。この数字はもちろんきっちりとしたものではなく、1桁か2桁は動くような数字であることは注意しないといけないが、もし現在の化石資源の消費速度が、作られる速度の100万倍であるとすると、実際に私たちが地球の住民として使うことが許されている資源の量は、現在私たちが使っている量の100万分の1、時間で言うと1年間（365日×24時間×60分×60秒）を100万で割った30秒ほどしかない。仮にこの計算が人間の都合の良いように2桁ズレていたとしても3000秒、やはり1時間にも満たない。このように、石油や石炭も昔のバイオマスであったことを考えれば、必ずしも「使ってはいけない」のではなく「今使っている量の100万分の1なら使っても良い」ということになる。もちろんこれはほとんど「使ってはいけない」と言っているような量なのだが、このような作られる時間と量を理解した考え方が、将来的にバイオマスを利用するためにも重要になるのである。

バイオマスを利用するのは何のため？

　昨今の化石資源を使わないようにしようという取り組みは、ほと

んどが「温暖化」というキーワードで議論されていることは、読者の皆さんもテレビなどを見ていたらわかるであろう。

　化石資源を使う
　↓
　空気中の二酸化炭素濃度が上昇する
　↓
　地球が温暖化する
　↓
　私たちの当たり前の生活に支障が出る

　だから石油を使うのをやめましょうという論理展開である。これに対して、このような状況を楽観視している人も少なからずいて、「二酸化炭素は温暖化の主な原因ではない」とか「そもそも温暖化しても人間の生活にとって悪いことばかりではない」と反論をしている経済学者や科学者の姿もしばしば見る。しかし、よく考えて欲しいのは、本当に議論しなければならないことはこういうことなのだろうか、というところである。地球が数億年かけて溜めてきた化石資源を、数百年で使い切ろうとしていることに関する議論なしで、最終的に私たちの「当たり前の生活」に支障が出なければ、問題はないのであろうか？　これは、たとえるなら年収1万円の人が、年間100億円使っているようなものである。自分の友人にそんな者がいたら（もちろんいるはずはないのだが）、「さすがにそんなにお金を使ったらまずいぞ」と言いたくならないだろうか？　その「まずいこと」を世界中の7人のうちの1人が「当たり前の生活」をするために平然とやっているのが、今の地球なのである。
　バイオマス利用という考え方にこれだけ時間と量という概念が大

切だとすると、バイオマスさえ使えば何でも良いのではないことももわかっていただけると思う。1年で育つ稲を、1年で育つ分以上に使ってしまっては、再生産はできないのである。木材の場合はどうであろうか？　木が成長するためには最短でも10年、普通は20年以上かかる。そんな風にゆっくり育ってきた木を5年で消費してしまったら、いくら頑張って植えても再生産はしない。すなわち、私たちが「バイオマスを利用する」ためには、バイオマスを作るために植物を育てることは大前提であるし、それがうまくできたとしても実際に利用する際に植物が育つ速度を超えないようにしなければならないのである。今世紀に入って「自然との共生」という言葉を頻繁に聞くようになったが、私たちの消費速度と自然の生産速度を揃えていかなければ「バイオマスの利用」は不可能なのである。

植物を食べて生きる「きのこ」と「カビ」

ここで今一度、稲わらや木などの植物が自然界でどのようなサイクルになっているのかを考えてみよう。中学校の理科で習ったはずであるが、植物は動物と比較すると「葉緑体で光合成をする」「細胞壁をもつ」などの違いがある。植物は4〜5億年前に陸上に進出し、より多く太陽の光を受けるためにより高く成長するように進化をし続けてきた。稲も木も植物なので、太陽のエネルギーを使って二酸化炭素と水を用いて光合成を行うのだが、植物が作った有機物は、その多くが植物の体の大部分を占める「細胞壁」に蓄積されている。つまり、植物の進化とは、植物がより多くの光のエネルギーを溜め込むために、より丈夫な細胞壁を勝ち取ってきた歴史なのである。

光合成によって大きくなった植物は、1年性の草なら秋から冬に

かけて枯れてそのうち土に返るし、木なら何十年か経って倒れるとやはり土に返っていく。しかし、この「土に返る」とはどういうことなのだろうか？　これは木や草を分解できる生物によって一部が二酸化炭素になりながら、一部が腐葉土のような肥沃な土になるということである。その分解過程で大きな役割を担っているのが、植物細胞壁の分解を得意とする生物である「きのこ」と「カビ」である。上にも書いたように、光合成された有機物は、主に植物の細胞壁に蓄積されている。しかしながら、作られた先から他の生物に分解されてしまっては、成長することができない。そこで進化の過程では分解されにくい細胞壁を持つ植物が、生存競争に勝ち残ってきた。しかし、植物がいかに分解されにくい細胞壁を大量に作れるようになっても、それを分解して成長できる生物も必ず進化の過程では現れてくるのである。「きのこ」や「カビ」は、植物細胞壁を分解する酵素を進化させて、それを可能にしてきた生物なのである。

きのこの進化が石炭紀を終わらせた!?

　草の多くが1年～数年で倒れてしまうのに対して木が数十年も立っていられるのはなぜであろうか？　それは木の細胞壁の方が、草よりも硬くて丈夫、言い換えると他の生物によって分解されにくいためである。植物の細胞壁はセルロース、ヘミセルロース、リグニンという3つの主要成分からできていることが知られている。そのうちセルロースとヘミセルロースは糖からできているため、きのこやカビだけでなく地球上の全ての生物にとって重要な炭素源である。その一方で草と木の間で大きく異なるのがリグニンと呼ばれる物質である。リグニンは、簡単に言うと植物性のプラスチックである。セルロースやヘミセルロースが繊維状なのに対して、リグニン

ははじめ水に溶けているのだが、セルロースやヘミセルロースでできた繊維の間に入り込んだ後に硬化して、繊維を固める性質がある。リグニンによって固められると、セルロースやヘミセルロースもちょっとやそっとでは分解されなくなるため、植物は長い時間立っていることが可能になる。しかも木の場合は、草よりもこのリグニンの構造が複雑になっていて、より硬い細胞壁を作ることができるのである。草を食べて生きているカビは、草のリグニンには影響されないが、木のリグニンを分解することができないために、細胞壁を壊して栄養をとることができない。一方で、木のリグニンを壊すことができる酵素をもっている地球上で唯一の生物である「きのこ」だけが、木を分解することができるのである。

　植物が陸上に進出したとき、はじめはコケのように地面を這うような生活をしていたのが、シダ植物からは完全に地面から立ち上がって成長することができるようになった。このように細胞壁に力学的な強さを与えたのがリグニンであった。シダ植物がリグニンを使い始めた当初は、それを分解できる生物がいなかったために、地球上はシダ植物の楽園となる。結果的に4億年前には数十メートルもの樹高になる大型のシダ植物が凛々と立っていたと考えられている。しかも、それらが倒れた後も分解できる生物がいないのでそのまま化石となって、私たちは石炭としてその痕跡を見ることができるのである。しかし、そのようなシダ植物の栄華もきのこの進化によって終焉を迎える。きのこはそれ以前からセルロースやヘミセルロースなどの植物細胞壁中に含まれる糖を食べていたと考えられるが、リグニンを分解することができなかった。ところが、キクラゲの一種が進化の過程でリグニンを分解できる酵素であるペルオキシダーゼを獲得したことで、シダ植物の細胞壁を分解して成長できるようになり、やがて大型のシダ植物は絶滅し「石炭紀」と呼ばれる

きのこやカビの酵素でバイオマスを利用する

　最後に、私たちが「当たり前の生活」をしながら化石資源の使用量を減らし、さらにバイオマスをうまく利用していくためにはどうすれば良いのだろうか？　筆者は、その方法を地球上で一番よく知っているのは、きのこやカビのような生物だろうと考えている。そうは言っても、きのこもカビも私たちにそのやり方を教えてくれるわけではないので、これらの生物がどのように植物細胞壁を利用しているかを研究することが、その方法を知るための唯一の手段であろう。そのための研究の流れを図2に示した。昨今は、様々な生物の全ゲノム配列情報が明らかになっているが、その中で100種類以上のきのこのゲノム情報も明らかになってきている。その情報

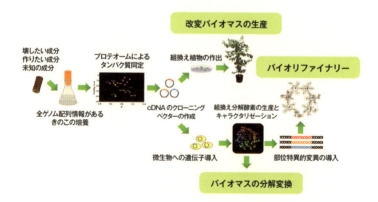

図2　きのこの全ゲノム配列情報を用いた、バイオマス利用研究の流れ。きのこの酵素を植物に導入して改変されたバイオマスを作成する、酵素を大量生産して植物を溶かして利用する、分解酵素に変異を導入して逆に合成反応を行えるようにするなど、きのこの酵素を様々な形で利用する方法が考えられている。

を用いてきのこがどのように植物の細胞壁を溶かすかを調べ、その時に使われている酵素を大量に生産し、それらをうまく利用することで、人間社会でいかにバイオマスを利用するかを知ることができるであろう。植物の細胞壁は非常に硬く、化学的に溶かそうとすると非常に高温・高圧の酸やアルカリの中で煮る必要があるが、きのこやカビが利用している酵素は、常温・常圧でしかも酸やアルカリを使わずに溶かすことができる。このような酵素の反応機構を詳細に調べる研究が、自然に負荷をかけずに人間がバイオマスを利用するために必須な知識なのである。今後この分野の研究に携わる人の数が増えれば「バイオマスを利用」しながら「当たり前の生活」ができる社会を作ることができると筆者は信じている。

プロフィール

五十嵐圭日子（いがらし　きよひこ）
1971年山口県生まれ。1994年に東京大学農学部林産学科を卒業。1999年に東京大学大学院農学生命科学研究科生物材料科学専攻の博士課程修了。大学院在籍時にジョージア大学派遣研究員として米国に、学位取得後にウプサラ大学の博士研究員としてスウェーデンに滞在する。博士（農学）。東京大学准教授、VTTフィンランド技術研究センター客員教授。きのこやカビの酵素パワーを信じて研究すること25年。

読書案内

◇西谷和彦・梅澤俊明編著『植物細胞壁』（講談社、2013年）
　＊植物を「細胞壁」から科学的に調べている。

◇日本菌学会編『菌類の事典』（朝倉書店、2013年）
　＊菌類の基礎から応用までを幅広くカバーしている。

◇日本木材学会編『木質の化学』（文永堂出版、2010年）
　＊木材の化学的性質を総合的に解説している。

宇宙で電気をつくる
―― 宇宙太陽光発電と地球のエネルギー問題

佐々木進

　18世紀後半の産業革命以来、人類の生活は急速に便利で豊かになったが、その社会を支えるエネルギーの消費量はほぼ一貫して増え続けてきた。現在のエネルギー消費量は産業革命時の数十倍にも達している。世界的にみれば、現在私たち人類が使用している全エネルギーの8割以上は、石油や石炭、天然ガスなどの化石燃料を燃やすことにより得られている。しかし化石燃料を現在のペースで使用すると今後100年程度で枯渇する。より緊急の問題として化石燃料の大量消費は大気中のCO_2（二酸化炭素）濃度の急速な増大をもたらしている。現在は産業革命頃と比較して40％程度CO_2濃度が上昇している。CO_2と地球温暖化の関係については議論のあるところだが、CO_2濃度の急速な増大は地球環境にとって望ましくないことは容易に推察される。原子力発電はCO_2発生量の点からはクリーンで低コストであるとして社会の期待を集めていたが、安全性の面から社会的な受容性に問題がある上、現在の方式では燃料のウランは化石燃料と同様、今後100年程度で枯渇する。地球環境への負担が大きい化石燃料に今後とも頼り続けた場合は、地球環境の悪化とエネルギー源の不足により、今世紀中には人類社会はその史上初めての本格的な衰退による混乱と試練に直面する可能性がある。

　このような地球規模の問題は、地球閉鎖系の中で解決しようとするのではなく、地球の外すなわち宇宙空間に解決の道を探るべきで

はないだろうか。地球の生命史が指し示すように、生命は創成以来、生存圏を拡大することにより生存に関わる危機を克服し発展してきた。宇宙空間には、地上と異なり広大な場と天候に左右されないふんだんな太陽エネルギーがある。宇宙太陽光発電システム（SSPS: Space Solar Power Systems）は、宇宙空間で太陽光発電を行い、無尽蔵とも言える電力を無線で地上に送電し、クリーンエネルギーとして利用するシステムである。現段階ではSSPSが将来の人類のエネルギーシステムとして最善の選択肢であることが示されている訳ではないが、技術的にも現実的で有力な選択肢であることは間違いない。

筆者はオーロラをはじめとする宇宙プラズマ現象の解明に興味を持ち宇宙科学の研究の世界に入ったが、後に、わが国のSSPSの研究の先駆者である宇宙科学研究所の長友信人教授の下で研究を続ける中で、SSPSが人類社会のエネルギー問題と地球環境問題を解決して、地球文明の更なる発展を導くものと確信し、これまでその研究に従事してきた。

SSPSの概念と意義

太陽光のエネルギー密度は地球近傍の宇宙空間で約 1.35kW/m^2 である。これは夜があり天候の影響を受ける地上での平均日射量の 5 ～ 10 倍に達する。SSPS は、宇宙空間で太陽エネルギーを太陽電池により電力に変換し、その電気エネルギーをマイクロ波を用いて地上に送電する電力設備である。地上ではマイクロ波アンテナで受電し、商用電力に変換して既存の電力網を通じて家庭や工場などの利用者へ配電する。無線送電の方法としてマイクロ波ではなくレーザーを用いる方法も検討されているが、伝送効率や安全性の観点

から現段階ではマイクロ波の利用が実用に近いと考えられている。図1にこのシステムの基本的な構成を示す。SSPSは地上での太陽光発電と比較して、宇宙から地上への無線送電の部分が余分なプロセスである。しかし、マイクロ波の送受電の過程で失われる電力は50％以下とすることが技術的に可能と見込まれ、平均日射量を考慮するとSSPSは地上の太陽光発電システムと比較して発電面の面積当たりでは数倍以上エネルギー効率の良いシステムとなりうる。

SSPSの最初の概念は、1968年に米国のグレーザー博士により提案された。1970年代には、米国エネルギー省とNASA（米航空宇宙局）により総合的な評価研究が行われた。この研究は21世紀初頭のアメリカの電力（約3億kW）を全てSSPSで賄うという前提で行われた。その規模は壮大で10km×5kmの大きさの衛星を静止衛星軌道に60基配備するというものであった。この時設計されたSSPSはリファレンスシステムと呼ばれたが、あまりにも巨大なシステムを検討の対象としたため、技術的・社会的な

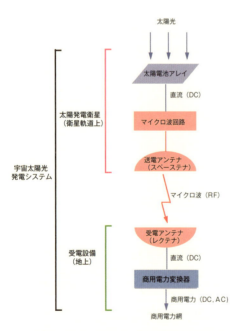

図1 SSPSの構成。軌道上の太陽発電衛星と地上の受電設備で構成される、宇宙に開かれたエネルギーシステム。

飛躍が大きくいまだその時機ではないと判断され、実現のための第一歩を踏み出すことなく 1980 年代初頭には検討は終了した。

しかし 1980 年代の終わり頃からは、21 世紀の人類社会の最大の課題である地球環境問題とエネルギー問題が社会的に認識されるようになり、これらを解決するための有力な選択肢として、SSPS を現実のエネルギーシステムとして見直そうという機運が世界的に高まってきた。現在の高コストの宇宙技術で SSPS を構築する場合は、その電力コストは地上の発電所の電力コストの 500 倍程度となって経済的に成立しないため、現状のままでは SSPS は社会的に受け入れられることはない。しかし、現在のコスト分析でその大きな部分を占める宇宙への輸送コストは、技術革新と輸送量の増大により将来 $\frac{1}{50} \sim \frac{1}{100}$ 程度まで下がることが見込まれる状況になった。SSPS の構築に低コストの民生品と民生技術を適用することにより、SSPS からの電力コストは地上の発電所の電力コストと比肩しうるようになると試算されている。ふんだんなエネルギー資源、地球環境への優しさ、低コスト化の可能性、技術的な実現可能性の高さ、という点から SSPS は人類の将来のエネルギーシステムとして極めて有望であると言えよう。

日本の SSPS の検討状況

わが国では米国でのリファレンスシステムの研究が一段落した 1980 年頃から、SSPS の重要性と将来性に着目した研究者たちにより、SSPS に関する調査や実証的な研究が実施され、独自のシステム構想も提案されてきた。1987 年には宇宙科学研究所で太陽発電衛星ワーキンググループが組織され、わが国の SSPS 研究の推進母体としての役割を果たした。1991 年からは SSPS の実証実験モデ

ル SPS2000 の組織的な概念検討が行われ、1992 年からは 3 年間にわたり新エネルギー・産業技術総合開発機構により SSPS に関する本格的な調査研究が実施された。その後も宇宙開発事業団および宇宙科学研究所（両機関とも現在は宇宙航空研究開発機構に統合されている）および無人宇宙実験システム研究開発機構（現在は宇宙システム開発利用推進機構）で SSPS システムの調査研究や、設計研究、試作研究、環境への影響評価、コストモデルの検討などが継続的に行われている。SSPS の中枢技術であるマイクロ波送受電技術についても、大学や研究所で実証的な研究が行われ、この分野のわが国の研究は他国の追随を許さない程レベルが高い。リファレンスシステム以後の SSPS の研究ではわが国が世界の研究をリードしてきたと言って良い。米国で生まれた SSPS の構想がわが国で根付いて発展してきた大きな理由は、わが国は資源小国であるという認識が社会的に広く共有されているためと思われる。

SSPS に必要な技術

SSPS の構築には、宇宙での太陽光発電技術、大電力管理技術、無線送電技術、大型構造物建造・制御技術、宇宙への低コスト大量輸送技術が必要である。これらの個々の技術は小規模なレベルであ

主要な技術	現状の到達レベル	目標レベル	ファクター
宇宙太陽光発電	約 100 kW（国際宇宙ステーション）	1 GW	10000 倍
マイクロ波送電	数十 kW（地上）、1 kW（宇宙）	1 GW	100000 倍
大型構造物	100 m クラス（国際宇宙ステーション）	数 km	数十倍
宇宙輸送のコスト	50〜100 万円/kg（ロケット）	1 万円/kg	$\frac{1}{50} \sim \frac{1}{100}$

表 1　SSPS 実現のために必要な技術の現状と目標

ればすでに実用化されており、原理的に新たに検証の必要な技術はない。この点がいまだ原理の検証がなされていない核融合発電と基本的に異なる点である。今後各技術の大規模システムへの応用と低コスト化が、SSPS実現のための主要な技術課題である。表1にSSPSに必要な主要技術の現状と実用レベルのSSPSを実現するための技術目標を示す。

発電技術：SSPS用の太陽電池としては、(1)宇宙環境での劣化が少ないこと、(2)ロケットでの輸送と宇宙空間での展開に便利なこと、(3)資源が充分あり大量生産が可能で低コストであることが条件であり、地上の太陽電池への要求とは異なる要求がある。比較的新しいタイプの薄膜太陽電池は、変換効率が一般の太陽電池と比べてまだ低いが、薄膜のため大量生産が可能で重量当たりの出力が大きく、折り畳んでの輸送と宇宙での展開のしやすさから、SSPS用の太陽電池として大きな可能性を持っている。シリコンは地球上に資源として大量に存在しているため、効率は高いが稀少元素を用いる化合物半導体の太陽電池よりもシリコン太陽電池の方が優れていると考えられている。

無線送電技術：宇宙からの無線送電には、数GHz付近の周波数のマイクロ波が、大気による減衰が少なく回路技術の成熟度からも適している。軌道上から地上へのマイクロ波の伝搬損失は数パーセントと想定されており、直流電力からマイクロ波、マイクロ波から直流電力への変換効率は各々80%の実現が視野に入る段階まできている。無線送電技術としては高効率化とともに、地上の受電アンテナの方向に正確にマイクロ波ビームを向けるための方向制御技術が必要である。例えば高度36000kmの静止衛星軌道から地上の5km級

のアンテナに送電する場合は 0.001°程度という高精度の指向精度が要求される。受電アンテナ設備でのマイクロ波ビームのエネルギー密度は、中心部で数十〜 100mW/cm^2、周辺部で 1mW/cm^2 で設計されることが多い。人間へのマイクロ波の許容レベルは国際的に 1mW/cm^2 とされているので、受電アンテナの内側は立ち入り禁止区域として管理する必要がある。

構築技術：地上の電力供給に一定の役割を果たす SSPS の規模は 100 万 kW クラスである。このクラスの SSPS のスケールは太陽電池の効率にも依存するが、少なくともキロメートル四方の宇宙構造物となる。現在建設中の国際宇宙ステーションのスケールは 100m 規模なので、SSPS はこの 100 倍以上の面積を持つ構造物となる。スケールの大きい構造物の場合、重心から離れた場所では遠心力と地球重力の釣り合いが崩れ、いわゆる無重力ではなく重力傾斜力と呼ばれる力が働く。この軌道上で発生する力は地球中心方向またはその逆方向に働くが、この力を利用して大型構造物の姿勢を安定させるような建築手法と手順を確立する必要がある。宇宙での大型構造物の構築には、安全のためのコストが大きく求められる有人での作業は行わず、できるだけ繰り返し単純作業による建設が可能となるような建設シナリオを考案してロボットによる自動組立方式をとることが必要である。

軌道上への輸送技術：SSPS の軌道は、地上の特定の受電施設に常時電力を伝送できるという点に注目する限り、高度 36000km の静止衛星軌道が最も望ましい。すでに多くの用途の衛星で使われている静止衛星軌道を採用する場合には通信など他の目的の衛星との複合システムを考える必要がある。SSPS からの電力を地上の電力コス

トと同レベルにするためには、宇宙空間への低コスト輸送手段の開発が必要条件である。輸送コストを大幅に下げるためには航空機のように何度でも使える再使用型のロケットを開発する必要がある。現在世界で研究が進められている完全再使用型の宇宙輸送システムは、輸送費を現在の $\frac{1}{50}$～$\frac{1}{100}$ 程度にすることを目指しており、今後 20 年程度で kg あたり 1 万円程度の低コスト打ち上げシステムの登場が期待できる。

技術的実現性を重視した"テザー SPS"の構想

1968 年にグレーザー博士が SSPS を発案して以来すでに 50 年近く経過し、多くの研究が行われ社会一般の期待も高まってはいるが、いまだ本格的な開発への第一歩を踏み出すに至っていないのが実情である。その理由は、一言で言えば、技術的な実現性とコスト

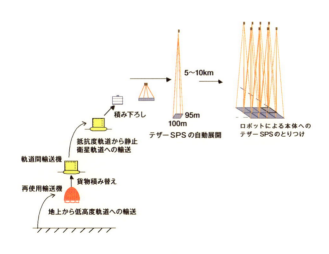

図 2　テザー SPS を静止衛星軌道上に建設するシナリオ

の点で説得力のある SSPS の具体的なコンセプトが長い間社会に示されなかったためである。この反省に基づき、無人宇宙実験システム研究開発機構により 2001 年から 2007 年にかけて技術的成立性を最大限重視した SSPS の検討が行われた。これは、発電と送電の機能を持つ発送電一体型パネルを多数の紐（テザー）で吊って重力傾斜力により姿勢を安定させるシンプルな形態の SSPS で、既存および近未来技術を前提条件として、専門家チームによる設計研究が行われた。図 2 の建設シナリオの右上の絵に示すように、発送電一体型パネルを 4 隅の紐で吊ったユニット（広さ 100m × 95m、厚さ 2cm、紐の長さ 2〜10km、重量約 45 トン、出力約 2000kW）を 1 つの単位とし、それらを結合して所望の規模の SSPS を構築する。このテザー SPS ユニットは、発電と送電の機能を持つ構造的にも電気的にも全く同じ発送電モジュール 3800 枚（1 枚の大きさ 0.5m × 5m）から構成される。各モジュールのマイクロ波回路の周波数と位相の制御を無線で行うため、モジュール間の有線のケーブル接続は不要である。

625 台のテザー SPS ユニットを正方形状に結合し一辺 2.5km 程度の大きさにすれば、出力 100 万 kW の実用型 SSPS を構築することができる。100 万 kW という出力は典型的な地上の発電所からの出力にほぼ等しい。100 万 kW クラスの SSPS の場合、地上に必要な受電アンテナ設備の大きさは直径約 3.5km である。この方式の SSPS は太陽角が時間とともに変化するため発電電力も時間とともに変化するが、天候の影響を受けず日平均では安定した一定電力を供給できる。発送電一体型パネルに蓄電機能を持たせる場合は時間的に一定の送電を行うことができる。総重量は蓄電機能を持たない場合は約 18000 トン、蓄電機能を持つ場合は約 27000 トンと見積もられている。テザー SPS は現有技術の延長上の技術を前提とす

るため、経済面および環境面からの定量的な評価が可能で、開発のための明確なシナリオを描くことができる概念である。図3にテザーSPSの運用想像図を示す。100万kW級のSSPSを数十基建設すれば、わが国の電力総需要に大きな役割を果たすことができる。このテザーSPSは以下のような特長を持っている。

(1) 姿勢は重力傾斜安定なので積極的な姿勢制御が不要である。月が表側を常に地球に向けているのと同じ法則に従い自然に逆らわない安定した姿勢である。
(2) モジュールは構造的にも電気的にも全く同じなので大量生産による低コスト化が可能である。
(3) 各モジュールで発生する熱は各モジュールからの常温付近での熱放射により自然放熱が可能で、熱的な問題がない。
(4) テザーSPSユニットは構造的にも電気的にも全く同じなのでユニット単位での交換が可能である。このため故障に対応し易く、メンテナンスが容易である。また完成後も必要に応じ

図3　実用テザーSPS（100万kW級）の運用想像図

電力増強が可能である。

(5) 図2に示すように、1基のテザーSPSユニットの単位で低軌道へ輸送し、軌道間輸送機（電気推進駆動）に積み替えて静止衛星軌道まで輸送し、静止衛星軌道で自動展開を行い、機能の健全性の確認後、ロボットによるSSPS本体への結合を行う。このシナリオであれば、建設に有人活動が不要であり、打ち上げロケットおよび軌道間輸送機の貨物搭載能力は50トン程度の現実的な規模で良く、健全性を確認しながらの着実な建設が可能である。

(6) 1台のテザーSPSユニットのミニチュア版（20m×20m規模のパネル）で近未来に軌道上実証実験を行い、相似形でスケールを大きくして実用型に発展させるという技術的に継続性のある一貫した開発シナリオを描くことができる。

今後の展望

SSPSの研究の歴史はほぼ半世紀にもおよび、現在では技術的に成立性の高いシステム像が描かれるようになり、SSPSの中枢技術である無線送電技術も小規模な宇宙実験（1kW～10kWクラス）を行うための技術がすでに確立している。まだ正式に認められた計画はないが、2010年頃からは小型衛星を用いた宇宙から地上への小規模なマイクロ波送電実験が具体的に提案されるようになった。小さな規模でも宇宙実験が実施されれば、SSPSの技術の実用性を定量的に評価することができる。1kW～10kWの電力伝送実験に引き続き、大型衛星を用いた100kW級の宇宙実験を行うことによりSSPSの基本的な技術を全て検証することができる。この段階までは現状SSPSの研究分野で世界をリードしているわが国が先行して

実験を実施する可能性が高い。100kW級の実験実施によってSSPSの基礎研究は完了し、研究開発の段階に入る。地球環境問題とエネルギー問題を考慮すると2020年代半ばにはSSPSの基礎研究を完了して研究開発フェーズに入ることが望ましい。引き続いて行われる本格的なSSPS（1000kW級以上の発電所）の研究開発は、国際協力で行われることになるだろう。10万kW級の試験プラントによるSSPS技術と運用の実証が終われば、いよいよ実用SSPSの時代が到来し、2030年代後半からは100万kW級のSSPS発電所が次々と宇宙に建設されることになるだろう。

それぞれの国の資源という観点で国策として開発の進められてきた化石燃料や原子力などのエネルギーは、これまで国家間の利害関係のせめぎ合いの中で取り扱われ、しばしば国際的な争いのもととなってきた。しかし宇宙空間という人類共有のフロンティアを共同で利用するSSPS構想は、運命共同体的な国際的な協調の下にのみ成り立つ構想である。国際協力を成立の要件とするSSPSは、人類にあまねくエネルギーを供給するだけでなく、国際的な平和共存を保障する社会基盤としての役割も果たすことになるだろう。

　SSPSが実現したら、世界は大きく変わる：
　　—環境に優しいエネルギーがふんだんに得られる
　　—地球環境が修復され自然そのままに維持される
　　—偏在するエネルギー資源をめぐる争いの終焉
　　—豊富なエネルギー資源がもたらす穏やかで創造的な社会

そして、新しい社会の活力による宇宙への発展が生み出す新しい文明と文化……

プロフィール

佐々木進（ささき　すすむ）
1949年生、1975年東京大学理学系研究科博士課程物理学科中退、理学博士。東京大学宇宙航空研究所助手、宇宙科学研究所教授、現在は宇宙航空研究開発機構名誉教授、東京都市大学特別教授。専門は宇宙エネルギー工学、宇宙環境科学、月惑星探査。

読書案内

◇NHK「サイエンスZERO」取材班、佐々木進『宇宙太陽光発電に挑む』（NHK出版、2011年）
　＊宇宙太陽光発電に必要な技術と研究開発の現状について易しく解説。

◇松本紘『宇宙太陽光発電所』（ディスカヴァー・トゥエンティワン、2011年）
　＊宇宙太陽光発電によるエネルギー問題解決とその必要性について解説。

◇吉岡完治、松岡秀雄、早見均編著『宇宙太陽発電衛星のある地球と将来——宇宙産業と未来社会についての学際的研究』（慶應義塾大学出版会、2009年）
　＊宇宙太陽光発電が宇宙産業と未来の社会に果たす役割について社会科学者が解説。

III 日常に寄り添う

ヒトのこころの測定法

四本裕子

心理学とは

「心理学」と聞いて、何をイメージするのか？ この原稿を書くにあたって、インターネットの掲示板等を見た。認知心理、臨床心理などの専門用語と並んで、性格判断、夢占い、心理テストなどの言葉も多く見られるようだ。「心理学者はなぜ人の心がよくわかるのでしょう？」と問われることもある。「よくわからないけど、ヒトのこころについて調べているのが心理学だ」という印象を持たれている人も多いのではないだろうか？ 辞典によると、心理学は、「心と行動に関する学問のこと」と定義されている(『APA心理学大辞典』培風館)。

「なぜ自分はこう感じるのだろう？」「なぜあの人はあんな性格なのだろう？」「なぜ気分が落ち込むのだろう？」「自分は他人と比べてどんな人間なのだろう？」という疑問は、誰もが持つものだ。心理学は、そのような疑問に答えることを目指すものであると言える。

一方で、大学等で研究されている「心理学」は、必ずしも人の気持ちや性格だけを対象としているわけではない。東京大学では、文学部心理学科、文学部社会心理学科、教育学部教育心理学科、教養学部統合自然科学科を中心に、心理学の教育と研究が行われている。研究対象は、人だけでなく、マウス、ラット、鳥、サル、ウマ、ハエなど、さまざまだ。人を対象とする研究では、赤ちゃんの発達、

思春期の心身の発達、大学生、一般の社会人、高齢者、ある疾患を持つ患者さんなど、さまざまな方々に協力いただいている。研究手法も多岐にわたる。質問紙で、性格についてのいくつもの質問に答えてもらったり、行動をビデオ録画した後に行動パタンを解析したり、パソコンのモニタに呈示された絵について、ボタン押しで回答してもらったり、動物の脳の神経細胞に電極を挿入して神経細胞の電気発火を測定したり、MRIという機械で人の脳の3次元構造やその内部の活動を測定したりもする。

心理学という学問は、古くは哲学から派生したものだったので、数十年前までは、文系の学問だとされることも多かったのだが、現在では、その幅広さのため、文系理系の枠にとらわれない「文理融合型」の学問であるとされている。

私が准教授として所属している教養学部の統合自然科学科認知行動科学コースは、理系からも文系からも進学できる文理融合型のコースである。そのコースで私は、「実験心理学」と「認知脳科学」を専門に研究している。ここでは、私が専門とする内容について、お話ししようと思う。

因果と相関

1年365日それぞれの、最高気温とその日の清涼飲料水の売り上げを記録し、横軸に最高気温、縦軸に清涼飲料水の売り上げをとってプロットする。すると、最高気温が高いほど売り上げが多い傾向があることが見いだされる。このように、ある2つの事柄が、互いに線形（一方が増えるほどもう一方も増える、もしくは、一方が増えるほどもう一方は減る）に関連している場合、この2つの事柄は相関していると言う。この場合、気温が高かったことが原因となり、

清涼飲料水の売り上げが上がったと推測することもできる。

しかしながら、2つの事柄の間に相関があることは、必ずしも、その一方が原因でもう一方が結果であることを意味するわけではない。今度は、先ほどのデータに加えて、365日それぞれにおける水難事故の件数も使う。横軸に清涼飲料水の売り上げを、縦軸に水難事故の件数をプロットする。この場合も、2つの事柄の間には相関が見られる。つまり、清涼飲料水の売り上げが多い日ほど、水難事故の件数が多いことが示されるわけだ。だからと言って、清涼飲料水を飲んだことが水難事故の原因になった、と結論づけることはできないだろう。この例の場合は、おそらく、気温が高いということが、清涼飲料水の売り上げの原因であり、また、気温が高いため海や川に出かける人が増えたことが水難事故の原因であると考えられる。

このように、観察したある事柄と別の事柄の間の関係性からだけでは、原因と結果の関係（因果関係）を導き出すことはできない。実験心理学という学問では、実験的手法を用いて要因を「操作」することによって、2つの事柄の間にある、原因と結果の関係に迫ることを目指す（図1）。

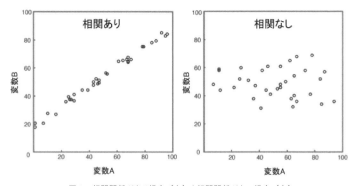

図1　相関関係がある場合（左）と相関関係がない場合（右）

実験心理学

　実験心理学では、「独立変数」「従属変数」「剰余変数」という言葉をよく使う。変数というのは、ある一定範囲内にあって、ある値を取りうるものという意味である。先ほどの例で挙げた、最高気温、清涼飲料水の売り上げ、水難事故の件数は、どれも変数であると言える。これら「独立変数」「従属変数」「剰余変数」を使って、「変数 A が変数 B に影響を及ぼす」という、実験者が考えて実験前に仮に立てた「仮説」を検証する。

　ここで、「独立変数」は、仮説で原因だと考えられた変数、「従属変数」は、仮説で結果だと考えられた変数、「剰余変数」は、独立変数以外で従属変数に影響するかもしれないすべての変数のことをあらわす。実験心理学では、実験者が、独立変数を操作し、従属変数を測定することで、2 つの変数間の関係を実験的に測定する。その際、剰余変数が従属変数に影響を与えないように、剰余変数の統制が必要となる。

アクションゲームは空間認知能力を向上させるか？

　やや難しい話になってしまいそうなので、ここからは具体例と一緒にお話ししよう。実際に研究されて論文として出版された例[1]を挙げる。

　世の中にはたくさんのゲームがある。家庭用ゲーム機では、家にいながらにしてシューティングやカーレースを疑似体験できる。ある研究者が、「家庭用ゲーム機で頻繁にシューティングゲームをす

---

[1] Green, C.S. and D. Bavelier, 'Action video game modifies visual selective attention'. *Nature*, 2003. 423(6939): p. 534-7.

ると、空間認知の能力が向上する」という仮説を立てた。空間認知の能力というのは、例えば、視野の端っこのほうに一瞬だけ見えたものが何であるかを認知する力のことである。多くの大人が「ゲームはよくない！」と考えている時代に、この研究者は、「もしかしたら、いい面もあるかもしれない」と考えたわけだ。それでは、この仮説を検証するために、どのような実験を行えばよいか、考えてみよう。

まず、原因となる変数を設定する。この場合、シューティングゲームをするかしないかが独立変数となる。独立変数は実験者が操作する変数なので、日常的にシューティングゲームをする人（以下、ゲーマー）と、日常的にゲームをする習慣がない人（以下、非ゲーマー）の2群の実験参加者を募る。各群10名程度とする。次に、結果として測定する変数を設定する。この場合は、空間認知の能力が測定される変数となる。視野の端に一瞬だけ出る図形を検出して答える課題を、コンピュータのモニタを使って行う。その課題の正答率が高いほど、空間認知能力が高いとする。

実験では、ゲーマー群と非ゲーマー群に、それぞれ空間認知課題を行ってもらい、その成績を測定する。こうして、独立変数（ゲームするかしないか）が従属変数（空間認知能力）に及ぼす効果を検証する。

それだけだと簡単に思えるが、実験心理学者の「腕の見せどころ」は、剰余変数の統制にある。剰余変数とは、独立変数以外で従属変数に影響を与えるかもしれないすべての変数のことであった。例えば、ゲーマー群の10人中6人は、1週間のうち3時間程度しかゲームしない人で、4人は毎日3時間以上ゲームしている人かもしれない。そこで、ゲーマー群の平均ゲーム時間や技能はある一定の値に保つ必要がある。これが、剰余変数の統制となる。他にも、ゲーム

の種類、実験の場所（全員が同じ環境で実験に参加できるよう、同じ実験室に来てもらう）、参加者の年齢や性別なども統制する必要があるし、参加者に「これはゲーマーの空間認知能力が優れているという仮説を検証する実験です」と伝えてしまうと、ゲーマー群の参加者が非ゲーマー群よりもやる気を出し、結果として課題成績がよくなってしまうかもしれないので、検証したい仮説は参加者に伝えないほうがよいだろう。ゲームをする人を探して実験協力をお願いしなければいけないのに、ゲームの効果を調べる実験だということを伝えないのは、現実的にはかなり難しいだろう。このように、考えられる剰余変数をできる限り統制して、実験を行うことになる。

　ここで、この実験の結果をお話ししよう。ゲーマー群と非ゲーマー群で、空間認知課題の成績を比べたところ、ゲーマー群のほうが非ゲーマー群よりもその成績がよいという結果が得られた。独立変数として、普段ゲームをする人としない人の2群を設け、従属変数として空間認知成績を測定したところ、独立変数が従属変数に効果を与えるという結果が得られたわけだ。さて、この結果を、みなさんはどう解釈するだろうか？　得られた結果は、日常的にシューティングゲームをすると、空間認知の能力が向上することを示しているのだろうか？

　実は、この結果からだけでは、そのような結論を導き出すことはできない。実験の結果は、ゲームをするかしないかという変数と空間認知能力という変数の間に、相関があることを示した。でも、ゲームが原因で空間認知能力が結果だと結論付けるには、まだ証拠不十分なのだ。他にどのような関係が考えられるか、お分かりになるだろうか？

　可能性の1つとして、仮定される原因と結果が逆という関係が考えられる。ゲームをしたから空間認知能力が上がったのではなく、

図2　シューティングゲームは空間認知能力を向上させる?

もともと空間認知能力が高い人のほうが、ゲームを楽しめるので、ゲームすることが習慣になっているという可能性だ。1つ目の実験の結果からは、どちらが原因でどちらが結果なのかを推測することはできない。そこで研究者は、2つ目の実験を行った。

2つ目の実験では、普段ゲームをする習慣を持たない20人の参加者に協力をお願いする。そのうち10名をシューティング群に、別の10名をパズル群にランダムに割り当てる。まず、この20名の空間認知課題の成績を測定し、2群間で空間認知課題の成績に差がないことを確認する。その後、参加者は、10日間にわたって1日1時間、ゲームすることを義務づけられる。シューティング群に割り当てられた参加者は、1人称視点のアクションシューティングゲームを行い、パズル群に割り当てられた参加者は、パズルゲームを行う。10日のゲーム期間が終了した後、もう一度、この20名の空間認知課題の成績を測定する。2回目の空間認知課題の成績に2群間で差があるかどうかを調べる。この実験では、練習するゲームの種類を独立変数として操作し、空間認知課題の成績を従属変数として測定している。実験参加者が日常的にゲームをするかどうかや、実験参加前の空間認知能力は、剰余変数として統制されている。

この実験の結果、10日間のゲーム期間後の空間認知課題の成績は、パズル群よりもシューティング群のほうが高いという結果が得られた。そして、シューティングゲームが原因で、空間認知課題の向上が結果であるという推測が可能となった（図2）。

心理学実験のほとんどでは、変数間の因果関係を100％の確信を持って断言することはできない。あくまで、原因と結果の関係を推測することが目標となる。また、シューティングゲームと空間認知課題についての2つ目の実験では、この効果が持続するものかどうかはわからない。それを知るためには、半年後や1年後にふたたび、実験参加者に協力してもらい、空間認知課題成績を継続して測定することが必要なのだ。

実験心理学と認知脳科学

　東京大学の私の研究室では、実験心理学の手法を用いて人の知覚や認知の仕組みについての研究を行っている。空間認知課題のような行動実験だけでなく、MRIという機械を使って脳の神経活動を測定したり、磁気や電気で脳を刺激したときの、知覚や行動の変化を測定したりする。人間の心理を知るために脳科学的手法を使うことは珍しくない。私も含めて多くの研究者は、脳を知らずに人の心理を理解することはできないと考えている。脳科学的手法を使って測定する場合でも、実験心理学と同じような方法で実験を行う。

　実験心理学と脳科学を組み合わせた研究の例として、実際に私が大学院生と一緒に行った実験を紹介しよう。比較的新しい実験装置で、経頭蓋電気刺激というものがある。頭皮の2箇所に3×4cmくらいの電極をそれぞれ貼りつけ、その電極に1mAくらいの弱い電流を流す。人の視覚情報処理に関係する神経細胞は後頭部（頭の後ろ側）付近にあるので、われわれの実験では、電極の1つは後頭部、もう1つの電極は頭頂部（頭の頂点側）に貼る。後頭部と頭頂部の間に電流を流すと、視覚に関する脳神経細胞が電流によって刺激され、チラチラと光が見えたり、視覚課題の成績が変わったりするこ

とが知られている。

　電流による脳神経細胞への刺激が、脳内ネットワークにどのように影響するかは、よくわかっていない。そこでわれわれは、「後頭部と頭頂部間に電流を流すと、脳内の視覚領域（視覚皮質）とその他の脳領域の間の神経結合が変化する」という仮説を立てた。この仮説を検証するために、独立変数として「電気刺激を流すか流さないか」、従属変数として「視覚皮質とその他の領域の結合度」を測定した。脳への電気刺激を操作して、その時の脳活動を測定したのだ。

　脳活動の測定にはMRIという機械を使う。MRI実験では、大きな筒状の機械の中に仰向けの姿勢で入り、脳の形や活動を測定する。実験では、実験参加者の頭に電極を貼りつけた後、MRIの中に入ってもらい、脳の活動を12分間測定する。この12分間の脳活動のデータを解析するときに、視覚皮質の部分とその他の領域がどのくらい結合して活動しているかを計算できる。一見簡単に聞こえる実験だが、この実験でも、剰余変数の統制が大切な作業となる。

　電流を流した結果、脳活動が変わるかどうかを調べるには、電流を流している最中の脳活動の測定だけではなく、比較のために、電流を流す「前」の脳活動も測定する必要がある。また経頭蓋電気刺激は、電流を流し終わった後に影響が出るという報告もあるので、電流を流した「後」の脳活動も測定する必要がある。電気刺激の「前」「最中」「後」にそれぞれ12分間、脳活動を測定し、その結果を比べることになるのだが、実は、これだけでは不十分である。他にどのような剰余変数を統制すべきか、読者のみなさんは、おわかりになるだろうか？

　統制すべき剰余変数の1つは、「自分の脳に電流が流れている」という参加者の考えが、脳活動に与える影響だ。人間の脳はその時

の状態に応じて常に活動を変動させているので、電流そのものではなく、「電流が流れていると思っているその気持ち」が脳活動に影響する可能性が高いのだ。統制すべきもう1つの剰余変数は、「12分間×3回の計36分間も仰向けで横たわって脳をスキャンされている」という時間の流れである。測定の間は身動きできないので、1回目のスキャンでは元気だった実験参加者も、3回目になるころには、飽きて眠気を感じてしまう。時間にともなって生じる飽きや眠気があることを考慮に入れると、1回目、2回目、3回目の測定時の脳活動のベースラインが同等のものであったと仮定することは難しくなる。

　実験では、この剰余変数の統制のために、別の日にもう一度、実験参加者に来てもらって、同じ実験を繰り返した。ただし、この際、頭に電極を貼り付けてMRIに入ってもらう手順は同じなのだが、電流は「流したふり」をする。つまり、参加者は、自分の脳に電流が流れていると思っているのだけれど、本当は流れていないという状態で脳活動を測定したのだ。もちろん、疲労や飽きの状態も比べられるように、この実験でも、12分間×3回の計36分間の測定を行った。1日目の実験と2日目の実験では、実験参加者の慣れも変わってくるので、参加者の半数は1日目に電流を流す実験、も

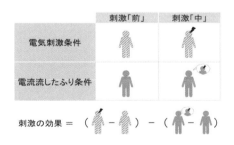

図3　電気刺激条件と電流流したふり条件の差、刺激「前」と刺激「中」の差

う半数は1日目に流したふりの実験というように、バランスを取るという作業も必要だ（図3）。

研究では、流したふり条件と電気刺激条件の差を計算したり、刺激「前」と刺激「中」の差を計算したりと、複数の条件間で脳の活動を比較した。その結果、後頭部への電気刺激が、視覚皮質とその他の領域の結合を変えるという結果が得られたわけだが、その結論にたどり着くまでの道のりは、決して単純ではないことが、おわかりいただけただろうか？

私たちのこころ

ここでは、私が専門とする実験心理学と認知脳科学の研究についてお話しさせていただいた。ここでお話しした実験心理学の手法や、相関と因果についての知識は、大学の勉強や研究だけでなく、実は日常生活でいろいろなことを考えるときにも、とても大切だ。

ある勉強法を試したら、試験の得点が10点上がった。成績が上がったことは喜ばしいことだが、その勉強法と得点増に、因果関係はあるかを考える必要がありそうだ。前回の試験と比べて問題が簡単だったため、クラスの平均点は20点上がっているかもしれない。また、別の勉強法で同じ時間勉強したら、もっと成績が上がっていた可能性もある。心理学者としては、これらの変数を少しずつ変えながら、試験のたびに実験したいところだが、現実的にはそれは困難だ。また、あるお店がお金を払って広告を出し、その週の売上が上がった場合、広告が売上増につながった！　と考えるのは、間違っているかもしれない（この場合の剰余変数、いくつ思いつくだろうか？）。

私たちの日常は、常に、自分や他人の心や行動とともに過ぎてい

る。他人とのインタラクションを避けることはできても、自分自身の心から離れることはできない。そして、人の心や行動は、複数の要因が複雑に関係した結果として生じるものだ。常に自分の身の回りにあって、常に意識せざるを得ない「心理」であるからこそ、われわれはそれに興味を持ってしまうのだろう。一方で、複雑な要因が交互に影響しあった結果として生じる「心理」について、簡単にその仕組みを解き明かすことはできない。学問としての心理学の面白さは、「自分が実感することのできることを対象に」「細心の注意をはらって科学的にアプローチし、その謎に挑む」ことができる点にあると私は感じている。

ここでいくつか例を出したように、変数を決めて仮説を立て、頭の中で実験を行うことを「思考実験」という。お金もかからず、頭の中で考えるだけでできてしまう、楽しい実験だ。思考実験は、現実的には不可能なことでもできてしまうという利点もある。実験心理学の実験方法に「唯一の正解」というものはない。剰余変数をうまく統制しつつ、何をどう測定するのか、そこに個々の研究者の腕や個性が反映される。

ここまで読んでくださったみなさんも、身の回りで見聞きしたことについて、今までとは少しだけ違う視点で接してみて、そこに隠れている因果関係について、ぜひ思考実験を繰り返してみてほしい。実験の対象は、みなさん自身の心理や行動に限らない。日々のニュースで伝えられる政治や経済の話の中にも、思考実験の材料はたくさん隠れている。そして、人の心や行動の原因や結果について、実験心理学的な視点から考えてみる心理学的アプローチの楽しさを感じていただければ嬉しく思う。

プロフィール

四本裕子（よつもと　ゆうこ）
1976年生まれ。1998年東京大学卒業。2005年ブランダイス大学大学院でPh.D.を取得。ボストン大学、ハーバード大学医学部、マサチューセッツ総合病院の研究員、慶應義塾大学特任准教授を経て2012年より東京大学大学院総合文化研究科准教授。専門は認知神経科学、知覚心理学。

読書案内

◇ジュリアン・バジーニ『100の思考実験——あなたはどこまで考えられるか』（向井和美訳、紀伊国屋書店、2012年）
　＊哲学や倫理に関する思考実験の例が、解説とともに挙げられている。

◇ローレン・スレイター『心は実験できるか——20世紀心理学実験物語』（岩坂彰訳、紀伊国屋書店、2005年）
　＊20世紀に行われた有名な心理実験について、その実験の問題点とともに解説されている。

◇ラマチャンドラン『脳のなかの天使』（山下篤子訳、角川書店、2013年）
　＊脳科学初学者向けの一般書。

音の科学・音場の科学

坂本慎一

　耳を澄ましてみよう。私たちの周りは、小さな音、大きな音、心地よい音、不快な音、様々な音にあふれている。野生動物たちは、外敵や獲物の存在を検知し、自らの身を守るために、音を聞き取る感覚すなわち「聴覚」を研ぎ澄ましてきた。私たち人間は、外敵に襲われる危険性は野生動物ほど高くない。そのため、動物たちほど「聴覚」を研ぎ澄ます必要はないが、その代わり、高度な社会生活を営み、知性を高めるために言語を作り出し、人間相互のコミュニケーションや自らの思考を深めるために利用してきた。音は、人間にとって最も基本的な情報コミュニケーションの手段である。それだけでなく、人間は「音を楽しむ」手段を見出し、音楽芸術を通して文化的豊かさをはぐくんできた。

　生活の中での音を考えるとき、私たちが存在している空間を音がどのように伝わるのか、その伝わり方の性質（音響伝搬特性、あるいは音響伝達特性と呼ばれる）が非常に重要な役割を果たす。たとえば、コンサートで音楽芸術を楽しむためには適度なホールの「響き」が重要であろう。レストランで食事をしながら会話を楽しむためには、度が過ぎた喧騒は邪魔でしかない。このように、T.P.O.に合った音響空間の作り方を探るのが建築音響という学問である。この稿では、私たちが利用する様々な空間における音の伝わり方（伝搬）のメカニズムを知り、生活の中でうまく活用していくための方法を述べる。

「音」とは

　音を上手に利用するためには、音がなんであるのかを理解しなければならない。音を言葉で表現すると、「空気・水などの振動によって聴覚に引き起こされた感覚の内容。また、その原因となる空気などの振動。音波」となる。これは、『大辞林（第三版）』（三省堂）による、音の説明である。これを読んで分かること。まず、音は空気中にも、水中にもある（伝わる）。私たちが普段の生活で耳にするのは、空気を伝わる音である。水中では、イルカやシャチなどが音を出して仲間とコミュニケーションをとったり、短い音（クリック音、パルス音）を出してまわりの物体から反射してきた音を聞き、物体までの距離を測ったりする（エコロケーションという）ことはよく知られている。

　それから、音は、波である。図1は、ハス池に落ちた水滴の波紋である。波紋は、落下点を中心として周囲に一定の速度で広がる。しかし、水自体が広がって動くわけではなく、水はその場で上下に動くだけである。サッカースタジアムでは、試合が盛り上がると客席でウェーブ（Wave：日本語訳はまさに波である）が起こることがある。人の波がスタジアム全体をダイナミックに移動するが、ウェーブに参加する人は立ち上がるだけで、座席を動くことはない。これら2つの事例では、波が動く向きと、水や人（波を伝えるものを総称して「媒質」と呼ぶ）の動く向きが垂直で、このような波を「横

図1　ハス池に落ちた水滴による波紋

波」と呼ぶ。我々が聞く音の場合は、実際にその動きを見ることは難しいが実は空気の動く方向と音波の進む方向が一致する「縦波」である。

音の伝搬

　仕切りや障害物が1つもない、大平原のようなところでは、大声で叫んでも、音は音源から広がるだけで、帰ってこない。しかし、山並み開けたところで叫ぶと、近くの山で音が跳ね返り（反射）、「やまびこ」が聞こえる。このように、音は、障害物があると反射する。閉じられた部屋のような囲いの中では、この反射が何回も繰り返し起こる。個々に区別できる反射を反響とかエコーと呼び、個々に区別することができず、連続的に音のエネルギーが減衰していく現象を残響と呼ぶ。音が壁にぶつかるたびに、音のエネルギーが少しずつ壁に吸収されるので、残響音は徐々に小さくなっていく。囲いの中の音が存在し、伝わる空間のことを音場と呼ぶ。音は空気が振動することによって伝わる波であるため、音の伝搬を直接目で見るこ

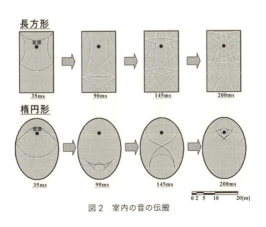

図2　室内の音の伝搬

とはできないが、コンピュータの力を借りれば、計算機シミュレーションの結果として音の動きを見ることができる。

図2は、異なる室形状における音の伝搬を比較した例である。音源位置からパルス音が発生した後の瞬時音圧分布を可視化したもので、長方形の室内では時間が経つにつれてたくさんの波面が生まれ、音のエネルギーが室内に万遍なく広がっていく。それに対して楕円形の室内では、2つの焦点の近くで交互に音が集中し、音のエネルギーの分布に大きなムラが生じてしまう様子が分かる。このように極端な音の集中が起こると、エコーと呼ばれる音響障害が生じる。エコーが生じた響きを音にして聴いてみると、「バリバリ」といった感じに強い音が分離して聞こえる。響きが滑らかではなく荒れた感じに聞こえてしまい、良くない。コンサートホールや劇場を作る場合には、壁や天井に様々な凹凸をつけたり、反射板をつるしたりして、エコーを抑えるための設計上の工夫がなされる。ホールに行く機会があれば、空間の形や壁の形に着目して音と形の関係を想像してみてほしい。

日光東照宮と音

日光東照宮・本地堂内陣の鏡天井には竜の絵が描かれており、その頭の直下で拍子木を打つと、あたかも竜が鳴いているように長いエコーが聞こえる。これは「鳴き竜」現象と呼ばれている。日光東照宮の鳴き竜は、音の名所として大変有名である。この鳴き竜現象は、エコーの中でも「フラッターエコー」と呼ばれる範疇に入る。フラッターエコーとは、平行な壁面の間に生じる連続的なエコーのことである。ただし、日光東照宮の鳴き竜は、平らな平行壁面の間で起こるフラッターエコーよりも、かなりよく響く。この有名な日

光東照宮の鳴き竜が特によく響くのは、鏡天井のつくり方に秘密がある。

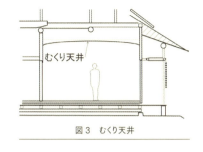

図3　むくり天井

伝統的な日本建築の技法に「むくり天井」がある。天井を物理的に真っ平らに張ると、目の錯覚によって真ん中が落ちているように感じられることが多い。そこで、図3のように、天井の中央を持ち上げるような形で少し湾曲させて張り、きれいに平らに「見える」ようにするのである。このような凹面の壁は、音響的にはエコーを強調させる方向に働く。日光東照宮・本地堂の鳴き竜がむくり天井によるものであることは、大正末期に行われた現地調査で見いだされたそうである(1)。余談になるが、日光東照宮・本地堂は昭和36年に一度消失している。その再建にあたって、天井のむくりの程度と鳴き竜の響きの長さに関する音響模型実験が東京大学生産技術研究所で行われた(2)。その研究成果は、昭和44年の本地堂再建に活かされている。

本地堂の竜の絵の下で拍子木を打ってパルス音を発生させた後の

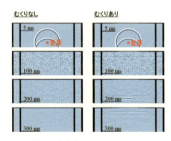

図4　鳴き竜のシミュレーション

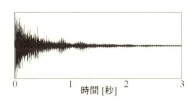

図5　鳴き竜のエコータイムパターン

音響伝搬を、計算機シミュレーションで可視化した結果が図4である。天井にむくりがある場合、天井と床との間での往復反射が時間が経つにつれてはっきりとした波面として浮き出てくる様子が見られている。この結果からも、天井面のむくりが鳴き竜現象を強める効果をもつことが確認できる。図5は、本地堂内で聞こえる鳴き竜の時間波形を計算機シミュレーションによって求めた結果であるが、パルスの大きなかたまりが大きくなったり小さくなったり、波打ちながら長く響いている様子が分かる。むくり天井が鳴き竜現象に与える音響的な効果である。

スイカと室内音響

　八百屋さんがスイカを選ぶとき、スイカを指でトントンとはじいて、その音を聞いて熟れ具合を判断しているところを見たことがないだろうか。コンコンと乾いた音がすればまだ未成熟で、ポンポンと低い音で長く響けばだいぶ熟しているそうである。では、ちょうどよく熟したスイカはどのような音がするのか。これを正確に判断できるようになるには、十分な経験が必要なようである。コンサートホールや劇場の音響特性を扱う学問を室内音響学と呼ぶが、室内音響学でもスイカの選定のときと同じようなことをすることがある。つまり、ホールの響きを確認するために、手をパチンと大きく叩き、空間の響きを聴くのである（ただし、音楽公演の際にはこのようなことは絶対にやってはならない。ホールの設計、竣工後の調整、音響測定のときだけに許される）。

　実は、手をパチンと叩くやり方は、簡易的な響きの確認方法である。音響設計や音響測定の際に、より厳密に、定量的にホールの響きを把握するためには、本質的な考え方は同じだが、より専門的な

機器（音響機器）を利用して、「インパルス応答」の測定が行われる。やや専門的になるが、インパルスとは、強さが1で継続時間が0の単位入力で、理想的なパルスである。このような音が室内で発せられると、その音は一定の音速で四方八方に広がって、室

図6　音場シミュレーションシステム

の境界面での反射を繰り返しながら室内全体を伝搬していく。受音点には、音が音源から直接到達した（直接音と呼ぶ）後に、いろいろな境界面からの明瞭な反射音（初期反射音と呼ぶ）が到来し、その後、密に重なり合った反射音が残響音となって到来する。こうして、いわゆるホールの「響き」が形成されるのである。

　そのような響きのある空間で、楽器を奏でたり、話をしたりすると、どのように聞こえるだろうか。実は、音声の信号とインパルス応答を、「畳み込み積分」と呼ばれる積分計算を利用して合成することで、シミュレートすることができる。つまり、空間のインパルス応答があれば、その空間で楽器を演奏したときの響きをいつでも体験できるのである。この畳み込み演算は、一昔前までは大型計算機で計算するものであったが、今やコンピュータ技術が大きく進歩したため、ある程度長い音声信号であっても、普通のパソコンで数分もあれば実行可能であり、そのようなソフトウェアを含んだ音源データベースも市販されている(3)。一方、音響工学を専門とする研究室は、インパルス応答を基にしていろいろな音響空間を疑似体験できるようなシステムを所有しているところが多い。我々の研究室は、図6に示すように、無響室内に3次元スピーカシステムを

組み、多チャンネル実時間畳み込み装置と組み合わせて、様々な音場の響きを実験室にリアルタイムで再現するシステムを構築している。

様々な空間で計測したインパルス応答の波形を比較してみよう。図7に示す波形のうち、上の4つはコンサートホールのインパルス応答である。ホールの響きの長さを評価する物理量として代表的なものに、「残響時間」がある。ここに示した4つのホールは、どれも座席数が1800以上の大きなホールで、その残響時間は、ホールAがとても長くて3秒程度、ホールB、C、Dは2秒程度であるが、室の響きとしては長い部類に入る。コンサートホールのように、音楽を聴く目的の空間では、音の余韻を楽しむために長い残響時間が好まれる傾向がある。

下の3つの空間は、コンサートホール以外の空間である。5つ目は鉄道駅のコンコースであるが、コンサートホールのデータと比べてみても、響きの長さが同じか、より長いことが分かるだろう。多くの人々が行きかう公共的な空間では響きが長いと喧騒感が高くなりやすく、またアナウンス放送などの音声情報が極端に聞き取りにくくなってしまい、問題がある。また、下の2つは非常に特殊な空間で、高速道路のトンネルの音響特性である。トンネルは、壁面がコンクリートや鉄板のように硬い材料でできており、音を吸収する要素がない。そのため非常に響きが長く、

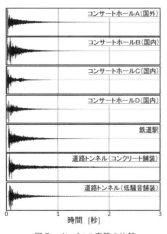

図7　インパルス応答の比較

また騒音が大きい空間となっている。トンネルでは、むしろトンネル坑口から外に放射される騒音を減らすことが目的で騒音対策される場合があり、一番下の「低騒音舗装」がそれにあたる。低騒音舗装を施した場合には、無対策のコンクリート舗装よりも響きが短くなることが、このデータから分かる。トンネルでは、通常、自動車が通行するのみで人の往来はないが、万が一、地震や事故、トンネル火災が起こった場合などは、トンネル内を避難する人々に対して音声情報を提供することもある。そのような場合に安全に人々を誘導できるようなシステムを構築しておく必要がある。

音響設計と音響技術者の役割

　建築物が計画されて作られるときには、意匠設計、構造設計、設備設計等、様々な設計がなされる。そのうちの１つに、音響設計がある。コンサートホールや劇場の設計現場は、音響設計の花形である。音を楽しむための空間なのだから、音が最も重視されて当然である。音響設計では、室内音響設計として、エコー障害が起こらないような形状設計と、響きの長さを適度に調整するための内装設計（材料の選定）が行われる。さらに、外部空間から室内に騒音が侵入しないように、遮音設計も入念に行われる。

　一方、今現在、国内に存在する様々な空間を見てまわると、入念に音響設計がなされたコンサートホール以外では、喧騒感が気になったり、いろいろな案内が放送されているのに聞き取りにくくなっていたりする空間がたくさん存在する。インパルス応答の測定例で示したように、コンサートホールのような響きをある程度確保すべき空間以外の空間で、響きが長くなりすぎ、不都合が生じている事例が多数存在するのである。

私たちは、音に囲まれて生活している。いろいろな音が身の回りにあるとともに、人が何か行動すると「音が出てしまう(歩けば足音がするといった類)」ことによって、自らが音源となることもある。そのような音は、聴覚によって否応なく知覚させられ、私たちの生活の快適性に大きな影響を及ぼすとともに、空間によっては音声情報の伝達性能が身の安全に直結する可能性もある。私たちの生活の快適性と安全性を高めるために、空間の音響性能を適切に保つ必要がある。したがって音響技術者は、想像力豊かに音の発生と挙動を予測し、空間が使われる以前に適切な設計と対策を提案していく必要がある。音は見えない。見えないからこそ、図面から音を聞く。そして、どんな空間であれ、適切な音響空間のつくり方を提案し、実現していくことが、社会の縁の下の力持ちとしての音響技術者の仕事である。

参考文献

(1) 佐藤武夫「日光東照宮の鳴竜について」『早稲田建築学報』1927年、第5号、pp.46-55
(2) 石井聖光、平野興彦「本地堂の"鳴き竜"復元に関する研究」『生産研究』1965年、第17巻、第4号、pp.1-7
(3) 日本建築学会編『建築と環境のサウンドライブラリ』技報堂出版、2004年

プロフィール

坂本慎一(さかもと　しんいち)

1968年生まれ。1996年東京大学大学院工学系研究科博士課程修了。博士(工学)。現在、東京大学生産技術研究所准教授。日本建築学会、日本音響学会、日本騒音制御工学会各会員。

読書案内

◇上野佳奈子編著『音響サイエンスシリーズ6　コンサートホールの科学――形と音のハーモニー』(コロナ社、2012年)
　＊ホール・劇場の歴史から最新の電気音響設備まで、コンサートホールにまつわる科学技術の話題を網羅的にわかりやすく解説しています。

◇難波精一郎編著『音響サイエンスシリーズ13　音と時間』(コロナ社、2015年)
　＊音や音楽が人にどのように認識されるのかについて、時間との関連によって述べられた科学の本です。

◇前川純一、森本政之、阪上公博『建築・環境音響学(第3版)』(共立出版、2011年)
　＊建築音響の基礎を網羅的にまとめた教科書。建築音響学研究を志す者にとっては必須です。

美肌の力学
—— 工学でシワを予測する

吉川暢宏

　顔は常に露出しているため、その様相の変化が察知されやすい部位である。加齢による変相も然りで、若さを保ちたいと願う多くの人々にとって、加齢を察知されやすい変化は忌み嫌うべきものとなっている。その代表格が「シワ」である。肌のくすみやたるみなどは、変化が徐々に進行するため、また化粧によりうまく隠すこともできるため、ある／なしという判定の思考パターンには合致しにくい。それに対して、「シワ」は存在が明示されてしまうため、加齢の刻印的指標となりがちである。徐々に進行する肌の加齢を漠然とは認識しながら、まだまだ大丈夫とはかない望みを抱きつつ、「シワ」の発生により決定打を放たれてショックを受けるという心情の浮き沈みを、多くの方が経験しているのではないであろうか。

　加齢による生物的、細胞的変化は常に進行しているものであり、皮膚組織も経年変化（内因性老化）し、また顔は日光にさらされることが多いため、紫外線ダメージ（光老化）も蓄積されやすい。その結果、真皮層の膠原繊維や弾力繊維が量的および質的に変化することはよく知られている。そのような変化は、皮膚という材料内部の生物学的な組織の変化であり、肉眼で認識することのできない変化である。一方、「シワ」は肉眼でも確認できる大きな溝である。徐々に進行する微視的な変化が、なぜ突然発生するように見える大きな形の変化につながるのか、そのメカニズムを、自分の専門分野

である材料力学的な検討から明らかにしたいというのが研究動機である。

座屈により発生する波うち

　表面が波うち、溝が刻まれるという現象は、皮膚以外の材料でも発生する。力学分野では座屈と呼ばれる現象がそれにあたる。付箋紙を机に貼り付けて、自由に動く一端を指で押すと表面がたわむ（図1）。このような現象を座屈と呼ぶ。機械工学の分野で誰もが学ぶ基礎理論の1つが「長柱のオイラー座屈」である。棒状の部材に圧縮荷重が加わった場合、荷重が小さいうちは部材が縮む変形のみであるが、圧縮荷重がある限界値に達すると急に大きく曲がり、横方向に大きなたわみが生じる。このように安定した圧縮のつりあいが崩れ、横方向に大きなたわみが生じることを柱の座屈と呼んでいる。一度座屈が起こると、容易に最終的な破壊に至ってしまうので、機械工学や建築学の分野では、構造物の安全性を評価するうえで重要な検討項目となっている。

　柱の座屈は皮膚のシワとは少々かけ離れているが、図2に示す棒が弾性体である基盤に支えられているWinklerモデルと呼ばれるものではどうであろうか。棒が皮膚表面の比較的硬い角層、弾性基盤

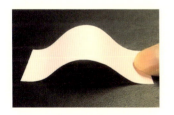
図1　付箋紙の座屈

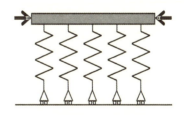
図2　圧縮荷重を受ける弾性基盤上の棒

が皮下組織となぞらえることができそうである。この棒が圧縮されると、あるところで大きなたわみを生じるようになる。柱の座屈同様に、短い棒であれば最も現れやすいのが、真ん中で大きくたわむ変形である。無限に広がる弾性基盤で無限に長い棒が支えられている場合は、ある波長の波が無限に続く変形形態が現れる。この波長は、構造に働く圧縮力による外部仕事と構造内部で発生する弾性変形による弾性エネルギーのつり合いにより決定される。外部仕事と弾性エネルギーの差により定義されるポテンシャルエネルギーが極小（最小でないことに注意）となる状態がつり合い状態である。

つり合い状態を満たすたわみ変形の波長は棒の曲げ剛性と弾性基盤の剛性のバランスにより決定される。このような弾性基盤上の棒の座屈のような単純な問題に対しては数学的解が求められている。同様の基礎理論に基づいて、弾性基盤の上に棒ではなく層が積層するモデルに対しても、有限要素法と呼ばれるコンピュータシミュレーションにより、近似的ではあるが、たわみ変形の形状を求めることが可能になっている。

シワ形成仮説

シワを座屈により発生する波うちの溝と捉えることはできないか？　表面の角層にはじまって、皮膚は内部に向かって大まかには積層構成となっている。力学的な構造は積層構造と相似であるとして、圧縮力の発生源を求めると、都合よく整合しそうなのが「笑いジワ」である。笑うことにより皮下の筋肉が収縮し、皮膚に対する圧縮力が発生する。大きく表情を崩して、圧縮力が大きくなれば肌に波うちが表われシワが発生する（図3）。このシワは一過性であり、表情がもとにもどれば消えてしまう。座屈理論に従えば、シワの発

生する位置と深さは、皮膚の力学特性、すなわち材料としての特性と積層の厚さにより決定されるので、毎回同じ位置に同じ深さでシワが現れる。繰り返し発生することで、溝の底の部分の皮下組織がダメージを受け、溝が皮下組織のレベルで定着化してしまうというのが、一過性の笑いジワが消えない深いシワに変化するための仮説である。

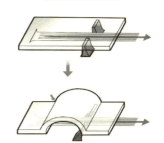

図3　筋肉の収縮により発生する皮膚の座屈

　この仮説に従えば、一過性といえども深い笑いジワは有害である。シワの深い・浅いを決定するのは皮膚の力学特性である。加齢により皮膚の力学特性が変化し、より深いシワのできやすい状態に変化していくということを示すことができれば、完璧ではないにせよ、シワ形成仮説のもっともらしさを示すことができるのではないかと考えた。

皮膚の老化モデル

　皮膚組織は表面から、表皮、真皮、皮下組織の3組織に区分される。表皮は角層、顆粒層、有棘層、基底層の4層に、真皮は乳頭層、乳頭下層、網状層の3層にさらに区分できる。皮下組織は脂肪層である。それぞれの層が特有の機能と組織を持ってはいるが、それらの層の境界形状は複雑で明確に区分できるものではない。角層は死んだ組織であり他の層に比べれば格段に硬い。乳頭層は水分を多く含み柔軟である。

座屈シミュレーションを行うことを目的とするので、皮膚の特性をシミュレーションでハンドリング可能なパラメータで置き換える必要がある。また、力学における座屈解析の枠組みは、材料を線形弾性体とする設定の上に成り立っている。したがって、皮膚の力学特性をヤング率で代表させることにする。ヤング率は数学者Thomas Youngに由来するものであり、「Young（若さ）」の語呂合わせではない。

　皮膚の加齢モデルも、ヤング率の変化で記述することを基本とする。すなわち、硬さの変化をヤング率の変化で表すことにする。また加齢にともなう層の厚さの変化についても知見が得られているので、モデル化に取り入れる。硬さの観点で皮膚組織の区分を見直すと、顆粒層、有棘層、基底層はほぼ同一の力学特性とみなせるのでまとめて表皮層とする。また、乳頭層、乳頭下層も力学的には区分する必要がないと考え、乳頭層とする。したがって、皮膚のモデルを、角層、表皮層、乳頭層、網状層、脂肪層の５層モデルで設定する。層の境界は平面であるとし、均一の厚さの層が平板状に無限に広がっているとする。

　加齢とともに、角層と表皮層および網状層は硬化するものとする。

	若　年		老　年	
	ヤング率[MPa]	厚さ[mm]	ヤング率[MPa]	厚さ[mm]
角　層	6.000	0.02	**12.00**	0.02
表皮層	0.136	0.18	**0.272**	**0.08**
乳頭層	0.040	0.20	0.040	**0.50**
網状層	0.080	1.10	**0.160**	1.10
脂肪層	0.034	2.00	0.034	2.00

表１　皮膚の加齢モデル

表皮層は加齢とともに薄くなり、真皮層は厚くなる。加齢に伴うこれらの変化を数値で表すため、表1に示す値を若年（20歳）と老年（50歳）に設定し、その間は年齢に対して線形に値が変化するものとした。

座屈シミュレーション

　無限に広がる皮膚モデルのある方向に圧縮荷重が加わり、その方向については一様な変形形態が無限に繰り返されると考えてシミュレーションモデルを設定する。有限要素シミュレーションにおいては、物体を微小な体積（要素）に区分けしてモデル化する。区分けした要素のモデルを図4に示す。図に示すモデルは無限に連なるものの一部を取り出したようなものになっているが、左右両端の境界条件として、周期境界条件と呼ばれる処理を施すことで、無限に同じ状況が繰り返されるという状況をシミュレーション上で実現することができる。

　シミュレーションの結果得られた、最も発生しやすい波うちを、年齢ごとに図5に示す。期せずして、30歳までと40歳以上で波う

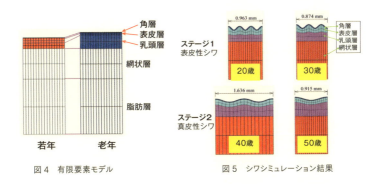

図4　有限要素モデル　　　　図5　シワシミュレーション結果

ちの形態が異なったので、30歳までをステージ1、40歳以上をステージ2と名付けた。ステージ1では表皮層の細かな波うちが主たる変形となり、乳頭層の波うちはほとんど発生していない。表面で発生している波うち変形のほとんどを表皮層までで吸収している。ステージ2の段階になると、角層と表皮層が大きく波うちだし、その変形が乳頭層まで及んでいる。

お肌の曲がり角

30代で「お肌の曲がり角」を迎えるとの通説は、生活感覚に合致しており、多くの共感を得るものと思われる。今回の座屈シミュレーションで発生した、ステージ1とステージ2の変形様式の激変が、その曲がり角に対応する。皮膚の老化モデルは、ヤング率と各層の厚さの変化を年齢に比例して生じさせている。これは加齢により徐々に皮膚の特性が変化することに対応する。ところが、座屈シ

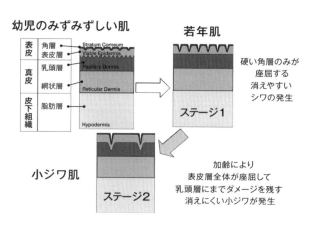

図6　消えない小ジワ生成のシナリオ

ミュレーションで明らかになった変形様式のスイッチは、徐々にではなく、突然起こる。このような変化の大きさにより、曲がり角の印象が強化されるのではないかと思われる。

　座屈シミュレーションから判明したステージ1からステージ2への変形様式の激変になぞらえると、笑いジワが永久に残る小ジワに変化するシナリオは次の通りと思われる。若年段階では笑いジワが発生しても、シワは表面の角層が主体の細かな波うちであり、その変形の影響は表皮層内に留まる。加齢が進み、ステージ2の変形様式が支配的になると、表皮全体が波打つようになり、その下の乳頭層まで変形の影響が及ぶ。表皮層は内部を守るための保護膜であるが、乳頭層は内部組織であり、変形のストレスを受けて形状の変化を起こしやすい。この形状の変化が定着することで消えない小ジワとなる。

シワ防止策を検討するためのシミュレーション

　工学的シミュレーションの意義は、実験では確認できない詳細事象まで確認でき、現象を正確にとらえ直すことができる点にある。シワ発生の根源を探る座屈シミュレーションにおいては、単純にモデル化された皮膚モデルを用いてではあるが、もっともらしい加齢モデルを設定することで、皮膚の材料特性のバランスの変化により、発生する変形様式がスイッチすることを確認できた。生身のからだを使って確認することができないところを、シミュレーションにより確認することで、仮説の妥当性を示すことができる。この点においては、シミュレーションは仮想実験であり、実験を代替するものとしての価値がある。

　工学的シミュレーションではさらに、明らかになった現象を助長

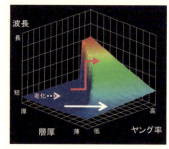

図7 ヤング率と層厚がシワ助長に与える影響

する、あるいは抑制するための方策まで仮想実験的に探索することを期待する。いわゆるものづくりにおける設計である。シワの問題でも、どのようにしたらシワを抑制できるか、個人の問題のみならず、化粧品開発の観点からも興味深い課題である。この研究で実施したシミュレーションの範囲でも、どのような化粧品を使えば実現できるかは別問題として、老化モデルの力学パラメータとして設定したヤング率と層厚を変えたシミュレーションは実施可能である。その結果から皮膚の状態をシワ防止の観点で改善する方向性や、悪化させる方向性を示すことが可能である。

　図7は、表皮層の厚さとヤング率に関して、現実的な範囲で系統的に値を変更して行ったシミュレーション結果を、角層で発生するシワの波長を消えないシワを助長する指標ととらえて表示したものである。図中左の濃い青色の部分はステージ1に相当し、断崖絶壁がステージ1とステージ2の境界である。加齢により表皮層の層厚は薄くなり、ヤング率は高くなる。図中のピンクの矢印の方向に加齢が進むわけであるが、現状の層厚がある程度厚く、図中の赤矢印に沿ってヤング率が増加しつつ加齢が進むとステージ2へ突入してしまう。一方、層厚が薄く白矢印に沿って加齢が進めばステージ2に突入しないで済む。現在の皮膚の状況がどの位置にあるかによるが、この結果からは、層厚が薄くなることによるステージ2への助長効果よりも、ヤング率が高くなることによる助長効果が高いことがわかる。したがって、シワを抑制するにはヤング率を高めないよ

うな措置が有効となることがわかる。化粧品開発あるいは美容施術の方向性としては、表皮層の柔らかさを保つことが重要であると結論付けられる。このような方向性を明確に示せることが、シミュレーションによる仮想実験の利点である。

工学と美容の妖しい関係

　有限要素法によるシミュレーションは、機械工学分野では広く活用されている手法であり、機械や構造物の強度に関わる信頼性を評価するためには必須のツールとなっている。その基礎は応用数学にあり、工学分野の中でも最も保守的な研究対象の１つとなっている。座屈解析も同様に古典的な学問分野であり、それらの手法を美容分野に展開するとの構図は、一見突飛であり「怪しく」思われる。しかしながら、現象の本質に迫ると、変形の力学的アナロジーは存在した。力学、特に連続体力と呼ばれる学問分野においては、変形に関わる基本原理が体系立てられている。方法論がしっかりしているだけに、基礎的な学問の応用範囲は広く、今回示した「シワ」の問題のように、アプローチ方法を工夫すれば様々な分野に展開可能である。

　他の分野の相互作用を求め、研究の多様性を増すことは、科学と技術の発展に不可欠である。今回示したシワへの工学的アプローチは、その好例ではあるが、異なる分野の研究者との協働作業を進める上では、それぞれの研究者の相互理解が不可欠であり、その関係は一朝一夕に出来上がるものではない。この研究で「妖しく」魅力的な成果が得られたのは、P&Gイノベーション合同会社の宮本久喜三氏、今山修平クリニック＆ラボの今山修平先生のご理解とご協力に依るところが大きい。また、当研究室の助手であった福井大学

の桑水流理先生、研究課題として取り組んでくれた多くの大学院生の長年の努力があってこそ、まとまりのある成果につながった。この場を借りて謝意を表する。

プロフィール

吉川暢宏（よしかわ　のぶひろ）
1962年、福井県生まれ。1985年、東京大学工学部舶用機械工学科卒業。同大学大学院工学系研究科を経て90年から東京大学生産技術研究所助手、94年から助教授、2005年から東京大学生産技術研究所・革新的シミュレーション研究センター教授。材料の機械特性や耐久性を評価するための工学シミュレーションを専門とする。

読書案内

◇日本美容皮膚科学会監修『美容皮膚科学（改訂2版）』（南山堂、2009年）
　＊皮膚の構造と美容に関する広汎な知見がまとめられています。

◇池田清宏・室田一雄『構造系の座屈と分岐』（コロナ社、2001年）
　＊座屈理論の基礎をやさしく解説しています。

◇矢川元基・吉村忍『岩波講座 現代工学の基礎7　計算固体力学《空間系II》』（岩波書店、2001年）
　＊有限要素法に代表されるシミュレーション手法の基本事項がまとめられています。

建築のデザインという学問

川添善行
（執筆協力　久松貴一）

　日本では建築に関する肩書きとして、建築士、デザイナー、そして建築家という言葉をよく耳にするが、これらは似て非なるものである。

　建築士とは、二級建築士や一級建築士などの国家資格のことを言い、これは建物の設計にあたって国の制度上必要なものである。建物をつくる過程では、設計した建物が様々な法規や安全性を満たしているか役所のチェックを受ける確認申請というものがある。この過程を経て初めて建物の工事に着手できるのであるが、確認申請をするために二級建築士や一級建築士といった国家資格が必要になる。二級建築士では主に木造の建物を、一級建築士ではそれに加えて鉄骨造や鉄筋コンクリート造などの大規模な建物を扱うことができる。建築士は、建物に関する法律やエンジニアリングについて十分理解している必要があるため、理性の仕事と言える。

　一方、デザイナーは、建築に限らず様々な分野において存在するため一概には言えないが、感性の側面が強い。インテリアコーディネーターなどの資格もあるが、特に建築分野においては、抽象的なイメージを具体的なかたちにする視覚的な設計を行う。

　そして、理性に基づいて法規や工学を扱う建築士と感性に基づいて美しいものをつくるデザイナーの中間に建築家という存在があると私は考えている。ただ、建築家には資格がない。建築家になるた

めの条件や基準は存在しないため、人はいつからか自分のことを建築家と名乗る。私も自分の名刺には建築家と書いているが、自分が建築家であるということを自分自身で決めるため最初は少し恥ずかしさがある。それは自分のことを詩人と名乗ることと似ているかもしれない。人は多かれ少なかれ詩人である（と私は思っている）が、自分の詩が少しうまいと思っていても自ら詩人であると言いだすことはなかなかできない。しかし、仕事を続けていると、いつからか世間の人たちからも建築家と呼ばれるようになり、段々とその肩書きが定着してくるのである。

　ここでは、建築家と呼ばれる人がどのようなことを考えているのか、具体的な事例も含めながら説明したいと思う。

建築を志す

　私は幼少の頃から特段優れた絵心や感性があるわけではなく、特殊な訓練も受けていない。5歳の時に裏紙に描いた落書きが今でも残っているが、そこに描かれているのは足の本数からかろうじてタコと認識できるようなものである。神奈川県川崎市出身で中学・高校は私立の男子校に通っていた。父親は羽田で飛行機のエンジニアをしていたため、家の中には飛行機の部品や図面があり、父親からも様々な話を聞いていた。先ほどの落書きも図面の裏紙に描いたもので、そのような環境で育ったこともあり自然とものづくりに興味を持ったのかもしれない。運良く東京大学に入学すると、名門高校や大手予備校に通っていた学生たちには既に多くの友人がいたが、私の周りにはほとんど知り合いがおらず、そのまま孤独な大学生活を送っていた。東大には進学振り分けという制度があり、2年生の夏に成績順で進学する学科を選べるのだが、当時建築学科は、航空

宇宙学科と並んで工学部の人気学科であった。周りの学生たちは友人同士でノートを見せ合い協力して試験勉強をしていたが、私には友人がいなかったため全部の講義を1人で受け、ノートをとり、勉強していた。ただでさえ頭の良い東大生たちが徒党を組んで勉強したら、1人で勉強していた私が敵うはずもなく成績も決して良いものではなかった。ただ、高校生の頃から漠然と興味を抱いていた建築を学ぶため玉砕覚悟で一番人気の建築学科に希望を出したところ、最低点で進学することができたのである。このようにして、私と建築との本格的な付き合いが始まった。

　このように書くと、さも体系だった人生のように思えるが、実際はそのようなことはなく、最初は目に見える仕事がしたいというくらいの気持ちであったし、進学する際も何の戦略性もなく漠然と選び、最低点で建築学科に入った。あと少しでも点数が低ければ今のような仕事をしていなかったと思うと、人生はわからないものであると常々感じる。そのため、人生はある程度悩んだら、あとは流れに身を任せるしかないと思っている。

建築と敷地

　醬油さしと建築は、どちらもデザインに関係するものであるが決定的に異なる点がある。それは敷地の有無である。注ぎ口から醬油が垂れずきれいに切れるようにするなど、醬油さしにもデザインはあるが敷地はない。醬油さしのようなプロダクトは、一度デザインしたものが何個も繰り返しつくられ、田中さんの家でも鈴木さんの家でも使われる。つまり、1つのデザインに反復性があるのである。一方、建築には敷地がある。一度デザインした建築はその敷地においてのみ成り立つものであるから、毎回デザインをやりなおすこと

となり二度と同じものはできない。同じデザインでも、醤油さしと建築とでは性質が全く異なるのである。

　話は変わるが、私は非デジタル世代なのでスケジュールやメモは基本的に手帳に書いており、その手帳には訪ね歩いた先々で集めた葉っぱを貼り付けている。この葉をよく観ているととてもおもしろい。生物や植物は場所や環境によってその姿形が異なる。葉も、地域や樹種によって様々な色やかたちをしており、1本の樹の中であっても同じかたちのものは2つとない。ところが私たちは、1つひとつ姿形の異なる葉を見て、それらをすべて葉と認識できる。これはとても興味深いことで、同じようなことが建築にも言える。1つひとつの建築には、敷地をはじめクライアントや用途、予算といった様々な条件が存在するため、そのかたちは全て異なる。しかし、私たちはそれらを見て建築であると認識できるのである。さらに言えば、それぞれの建築は異なるものの、良い建築は良い建築であると認識できるのではないかと思う。その認識は共通して私たちの頭の中にあり、多少の訓練は必要かもしれないが、みんなで共有できるものであると考えている。建築家は、日々そのような良い建築を求めてつくり続けている。

場所ごとの建築形式

　建築のデザインの分野は、学問的には建築意匠と呼ばれる。「意匠」という言葉は元々、唐草模様など、着物や布の平面的なパターンのことを意味していた。明治時代にヨーロッパから学問としての建築が輸入された際、"architecture" という言葉に相当する日本語がなく当初は「造家」と訳された。そのため、東大の建築学科も当時は造家学科と呼ばれていたが、数十年後に伊東忠太という建築学

者が「建築」と訳しなおした。そして、"design"という言葉に関しても、「何かを考えてかたちをつくる」という概念が日本語になかったため、先ほどの「意匠」という言葉を当てたのが今にも残っているのである。

かつてのヨーロッパにおける建築意匠は、円柱学と呼ばれる柱のデザインの理解が中心であった。ドリス式やイオニア式、コリント式といった柱の型を様式として類型化するなど、1本1本の柱から意味を汲み取っていた。加えて、プロポーションという比例関係も重視され、ギリシア時代においては、すべての寸法の比が整数比によって成り立っているものが良い建築とされた。ところが、柱の様式やプロポーションをベースとするかつての建築意匠は、突き詰めていくと、場所に関係なくどこであっても同じものができてしまう。本当に美しい柱のデザインや比例関係があるとすると、ヨーロッパでもアメリカでもアフリカであっても、同じものが美しく、良い建築ということになってしまうのである。しかし、これはおかしいと私は感じる。やはり、美しい建築や良い建築というものは敷地との関わりにおいて考えられるものであり、それぞれの場所によって異なるものである。かつての建築意匠は、部位ごとに見る完結的な建築の美しさに関するものであったが、それは周囲の環境との関係性については考慮されておらず、ここに限界があった。

一方、1960年代から70年代にかけては、風景やまちなみに関する議論も活発となった。その時代背景である高度経済成長においては、古い村やものを壊しては新たな街や道路を次々と作っていくことが活性や発展に繋がる正しい方法であるとされ、多くの人々がより良い未来を信じていた。現在の社会もその延長の中にあるのであるが、そのような時代の流れとは逆に、失われていくものに対する危機感を持つ人々も一定の割合存在した。一度なくなったものは二

度とつくることができないため、古くからあるものを大切にしようという考え方である。そうした中で、文化庁も重要伝統的建造物群保存地区を定めるなど、風景やまちなみを理解しようとする学問が着実に成立してきた。ところが、このような学問は風景の理解や保存には役立つものの、その場所でどのようなものを新しくつくるかという議論には繋がらなかった。

　このようなことから、私の関心は、場所ごとの最適な建築の形式ということにある。もちろん、敷地が変われば適切な形式も変わるが、それを行き当たりばったりで考えるのではなく、体系だったシステムとしてどう理解するかということである。先ほどの話と関連させると、良い建築の種を見つけ出すことと言えるかもしれない。植物の種は、種の構成要素や遺伝情報が同じであっても、植えられた場所や環境によって成長の仕方が異なり、結果として姿形も違ったものとなる。同じように、良い建築の種のような設計方法・システムを理解することで、場所ごとに相応しい建築を体系だって設計することができるのではないかと考えている。

竹富島での調査研究

　ここで、私が実際に行ってきた調査研究と建築設計の事例について説明する。

　前述したように、私の関心は場所ごとの最適な建築形式ということにあるため、様々な場所を訪れて、その場所における風景の理由や背景を考えることも研究の一環である。ここでは、以前に行った沖縄県竹富島での調査研究について触れたいと思う。

　私は、調査研究を行う場所の選定基準に、ごはんとお酒が美味しいことを挙げている。これは、一度調査研究を行うとなるとある程

度長い期間滞在することになるということもあるが、それだけではない。食文化を大切にする場所には、建築やまちなみに対しても同様に大切にする姿勢があると考えているからである。お腹が空いたら何でもいいからとにかく食べたいとか、お酒を飲みたくなったらとにかくアルコールだけ飲めばいいというのではなく、丁寧につくられた美味しいものを食べたい、心のこもった美味しいお酒を飲みたい。そのような考えがある場所には、建築やまちなみに関しても、雨がしのげればいいとか暖かければいいというのではなく、よりきれいな場所にいたい、より美しい空間にいたいという姿勢がある。もちろん風雨を防いだりすることも大事ではあるが、それに加えて付加価値を求める姿勢の中に文化がある。

　竹富島もそのような選定基準のもと調査を行った場所である。竹富島は、毎年台風が直撃する亜熱帯気候の島である。そこには、重要伝統的建造物群保存地区に指定されている昔からのまちなみが残る。そこで私は、竹富島の風景に関して１つの仮説を立てた。毎年直撃する台風から身を守るためには風をしのがなければならない。

図1　竹富島の風景

その一方で、亜熱帯気候であるため風の通りをよくしなければならない。この矛盾を解決するために竹富島の風景が存在し、風の調整を行っているのではないかと考えたのである。そのような仮説のもと、実測調査で得た数値に基づきコンピュータで3Dモデルを作成し、風のシミュレーションを行った。すると、強い風は家屋の上に弾き、弱い風は中に取り込んでいるということがわかったのである。さらに、道の幅や屋根の勾配、壁の高さ、植栽の配置などをどれか1つでも変えるとその機能は失われた。つまり、すべての要素が連動し合って風の調整メカニズムをつくり出していたのである。この竹富島の風景は、様々な人々によって何百年もかけて段々とつくられてきた。エアコンや鉄筋コンクリートなどが存在しなかった時代には、1つひとつの場所に必ずある必然的なかたちが存在していたと考えている。気候をはじめとする環境は場所ごとに異なるため、それぞれの場所に最適化したそれぞれの風景が形成されてきたのである。

東大図書館の設計

東京大学が90年ぶりに新たな総合図書館をつくることとなり、私の研究室でその設計を行っている。元々の総合図書館は、1923年の関東大震災後に建てられたもので、建築学科の教授であり東大総長でもあった内田祥三によって、本郷キャンパスの全体計画とともに設計された。図書館の前には噴水を配した広場が設けられている。この図書館に対し、今回の設計で行うことは大きく2つある。1つは既存の図書館の改修であり、もう1つは噴水広場の地下に新たな図書館をつくることである。既存の図書館の改修では、できるだけ壊すことをせずに中をきれいに作り変えていくということ

をしている。ただ、古い材料はなるべくそのままの状態にしておこうとしても、今では手に入らないものや、つくり方が変わっており職人にも分からないものがある。そのため、適宜新たな材料を加えていくことになるのであるが、時代も性質も異なる様々な材料をどのように組み合わせていくかというところに難しさがある。地下の新図書館は通常の図書館と異なり少し特殊なものである。深さは約50mで、地下1階にラウンジを設け、その下部はロボットによる自動書庫となっている。地上の噴水広場を残したまま地下に新たな図書館を設計し、噴水の底面をアクリルにすることで地下1階のラウンジには噴水越しに外からの自然光が差し込む。

　このラウンジの天井にはスギの木を用いている。1960年代から70年代にかけて、日本では未来の建設需要を見据えて大量のスギが植えられた。木を育てていく上では、間伐や枝打ちと呼ばれる手入れが必要で売りものになるまでには数十年を要する。ところが、スギを生育している間に、海外から輸入されたツーバイフォー材が日本に普及しはじめた。その影響によって育ててきたスギは売れず、手入れがされなくなった山は荒れて土砂崩れなども起こるようになり、日本の山のバランスが崩れてきた。そのため、私たちの世代は、この日本のスギをどのように活用するかを考えていかなくてはならないと思っている。

　東大図書館におけるスギの天井もその試みの1つである。スギは自然の状態では真っ直ぐ垂直方向に生えている。一方、マツは枝が水平方向に伸びていく。木は自然に生えている状態で用いなければ力を支持することができないため、スギは柱として、マツは梁として用いるのが一般的である。しかし、この新図書館のラウンジではスギを天井に架けて水平方向に用いている。これを実現するために用いたのがカテナリー曲線である。糸は、針金などと異なり、曲げ

図2　東京大学図書館（完成イメージ）

る力には抵抗できず真っ直ぐ引っ張る力に対してのみ抵抗することができる。ところが、ある長さの糸をある支点間距離でぶら下げると、ある1つの曲線でかたちが保持される。これは力学的に安定していることを意味し、この曲線においては糸に真っ直ぐな力だけが働いているということになる。この曲線がカテナリー曲線である。この曲線のかたちを応用することで、スギを水平方向に用いることができるのである。

このほかにも、地下の躯体（くたい）を建設する際にニューマチックケーソン工法と呼ばれる土木の工法を用いるなど、新たな技術も積極的に取り入れている。90年の歴史ある図書館や噴水広場を尊重するだけでなく、現代の時代背景や技術を考慮することで良い建築が生まれるのではないかと思う。

21世紀における建築のあり方

最後に、これからの建築のあり方に関して私の考えを述べたいと思う。19世紀までは、竹富島の事例のように、物流や産業がまだ発達していなかったために自然や風土といったものに重きが置かれ、場所ごとに異なる建築や風景が生み出されてきた。一方、20

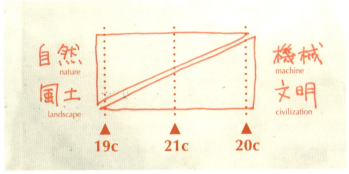

図3　建築のあり方

世紀に入ると機械や文明が急速に発展し、大量につくればつくるほど価格が安くなる工業製品のようなものが世界中に普及した。もちろん、先人たちの努力は尊いものであり、そのような文明の恩恵を受けて私たちは生きてきたわけであるが、どこかで先ほどの自然や風土といったものを忘れてきた印象がある。そこで、21世紀においては、19世紀的な自然や風土と20世紀的な機械や文明をどう調停していくかが重要であると考えている。現代において自然や風土のみを尊重しても、それは懐古主義的なものになり先人たちが築き上げてきた恩恵も受けることができない。かといって、機械や文明だけに頼れば世界中どこでも同じような風景になりかねない。その均衡点は、必ずしも中央ではなく少し片側に寄ることもあるだろう。場所や時代、クライアントといったその時々の状況に応じて、このバランスをどのようにとるかがこれからの建築において重要となる。

プロフィール

川添善行（かわぞえ　よしゆき）

1979年神奈川県生まれ。東京大学建築学科卒。東京大学大学院工学系研究科建築学専攻修士課程修了。工学博士。2011年より東京大学生産技術研究所川添研究室主宰、2014年より准教授。建築家。日蘭建築文化協会会長。株式会社空間構想アドバイザー。日本建築学会作品選集新人賞などを受賞。

久松貴一（ひさまつ　きいち）

1992年東京都生まれ。東京大学工学部建築学科卒。東京大学大学院工学系研究科建築学専攻修士課程。

読書案内

◇川添善行『芸術教養シリーズ19　空間にこめられた意思をたどる』（早川克美編、幻冬舎、2014年）

　＊古今東西の空間を取り上げ、筆者なりの観点からその空間の意味を探りながら、デザインの本質を見つめています。

◇篠原修・内藤廣・川添善行・崎谷浩一郎編『このまちに生きる──成功するまちづくりと地域再生力』（彰国社、2013年）

　＊全国から注目されるまちには、必ずその立役者が存在しています。彼らの生の声を丁寧に取り上げました。

◇東京大学cSUR-SSD研究会編著『世界のSSD100──都市持続再生のツボ』（彰国社、2007年）

　＊世界の都市再生事例を自らの足で歩いて集めた本。全ページカラーで写真を見ているだけでも楽しくなります。

ネコの心をさぐる
―― 比較認知科学への招待

齋藤慈子

　最も身近な動物は、と聞かれたら、イヌとネコをあげる人が多いであろう。日本では15歳未満の子どもの数より、飼育されているイヌネコの数のほうが多い（2016年現在）。それくらい多くの人がイヌやネコと暮らしている。イヌとネコは、かつてはペットと呼ばれていたが、近年では伴侶動物と呼ばれる。その呼び名の通り、イヌネコを飼っている人は、彼らを家族やパートナーと認識していることが多い。伴侶動物はいわゆる家畜動物に分類されるが、家畜動物とは、ヒトが野生動物を飼育し、選択交配して作りだしたもの、つまり人為選択のたまものである。それでは、ネコは家畜動物といえるのであろうか。この疑問については、後ほどまた考えることにし、まずはネコや他の動物の心を理解するうえで重要な、進化の概念やプロセスおよび、動物の心を理解する研究分野である比較認知科学について説明をしたい。

進化とは

　進化という言葉は、一般的に「進歩」と同等の意味を込められて使われることが多い。しかし、生物学的な意味での進化は、良くなるという意味合いはなく、ただ単に「変化」を指す。一般的に進化が進むにつれ、より複雑なものができる傾向があることから、生物

の進化もより良いほうに向かっているのだという誤解がなされるが、今まであった器官が退化してなくなることも、進化である。

　生物の進化で変化しているものは、遺伝子である。進化とは遺伝的な変化を指す。遺伝子の実態であるDNAは、生物の特徴の1つ、自己複製のための情報源である。自分と同じものを作る自己複製という特徴からは、変化は生じないのでは、と思われるかもしれない。基本的には同じ情報を子孫に伝えていくのに役立つDNAであるが、DNAが複製される際にはエラーが生じる。このエラーが突然変異で、進化における変化の源泉となる。突然変異は偶然にランダムに起こるものである。

　このランダムに生じる突然変異から、なぜ複雑でその生活に適した形、機能を持った生物が生まれてきたのだろうか。そのメカニズムを説明したのが、チャールズ・ダーウィンである。ダーウィンは、DNAの構造や複製のメカニズムが解明されるよりはるか昔、著書『種の起源』で生物進化のプロセスを自然選択によって説明した。まず、生物は生き残って繁殖する個体よりも多くの数の個体が生まれる。そして、生物の同種の中には、個体ごとに違いがある、つまり個体変異が存在する。これらの変異の中には、個体の生存と繁殖に影響を与えるものがあり、また子孫に遺伝するものがある。これらの要素がそろうと、より生き延びてより繁殖する遺伝的特徴が次世代へと広まる、つまり進化が生じる。この自然選択のプロセスで、生物がうまくできている（環境に適応している）ことの説明が可能なのである（ただし、生物の形質のすべてが自然選択で説明できるわけではない）。どのような特徴を持った個体がより生き延びてより繁殖できるかは、その時々の環境に依存する。変化の源泉がランダムに生じる突然変異であることからも、進化には、方向や目的がないことがわかる。

心の進化を研究する比較認知科学

　生物の進化を調べることで、自分が今ここに存在しているのはなぜかという疑問の答えが得られるのではないか、筆者はそんな期待を持って大学に進学した。当時は進化といえばDNAの塩基配列を解析する分子進化の研究が盛んで、私もそういう方面の研究に進もうかと思っていた。しかし、目で直接見えないものは面白くないなと感じていたところ、動物の行動から進化を探る、行動生態学や比較認知科学といった研究分野があることを知り、これらを専門とする研究室に入ったのが、筆者がこの分野での研究を始めたきっかけである。

　さて、比較認知科学の目的は2つあるとされる（図1）。1つ目は進化史の再構築である（図1a）。ヒトを含む動物の心の働きを分析、比較することで、その系統発生を明らかにするということである。これは、認知の「相同」の研究ともいえ、心の働きの存在を、同じ進化的起源による結果であると説明するものである。たとえば、

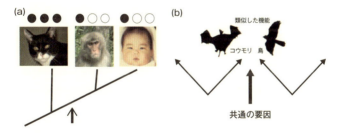

図1　比較認知科学の2つの目的
a：ヒトを含む動物の心の働きを分析、比較することで、その系統発生を明らかにする。ネコや他の哺乳類にはない心の働きが、サルやヒトだけで見られたとしたら、その起源は、他の哺乳類からサルやヒトの祖先が分かれた後、サルとヒトが分岐する以前（図の矢印）にあると考えられる。
b：ヒトを含む動物の心の働きを分析、比較することによって、その形成要因を明らかにする。系統的には離れた種で、類似の機能が見られたら、そこには、共通の要因がある（あった）のではないかと考えられる。

ヒトとニホンザルの共通祖先は、ネコとヒトの共通祖先よりも進化の歴史の中でヒトに近いので、ヒトとニホンザルに共通して見られるが、ネコでは見られない心の働きは、ヒトとネコの祖先が分かれて以降、ヒトとニホンザルの祖先が分かれるまでの間に発生したと考えることができる。

　2つ目は、特定の行動や認知の背景にある（あった）自然選択圧の解明である。ヒトを含む動物の心の働きを分析、比較することによって、その形成要因を明らかにするということである。これは、認知の「相似」の研究ともいえる。相似とは、進化的起源は異なっていても類似の機能を果たすもののことで、よくあげられる例としては、コウモリの翼と鳥の翼である。両者は、系統発生的には異なるものであるが、空を飛ぶという共通の機能を持っているため、相似器官といわれる。このように系統発生的に離れた種の間に類似の心の働きが見出された場合、そこに共通する要因があることが推察される。たとえば、ヒトと中南米に住む小型のサル、マーモセットは、霊長類の中では系統的には離れている。しかし、両種とも、自発的に他者の利益になるような行動を行う、すなわち「向社会的行動」が見られる。このような行動が進化してきた背景には、母親だけでなく父親や周囲の個体も子育てに参加する、協同繁殖という共通する要因があったのではないかという仮説がある。

ネコの魅力

　それではネコの話に戻ろう。ネコを飼っている人にネコの魅力はどんなところかと聞くと、姿が美しいとか、こびないところがいい、といった答えが出てくる。データをとったわけではないが、ネコを特別好きではなかった、どちらかというとイヌ派だったという人も、

自分で飼ってみると、その魅力に取りつかれ、すっかりネコ好きになってしまったという話をよく聞く。ネコとイヌの飼育頭数は、日本ではほぼ同数であり、伴侶動物としての地位を確立していることからも、ネコにヒトを惹きつける魅力があるのは間違いないであろう。

ネコを飼っているいろいろなクリエイターにインタビューをした本によると、その魅力として「距離感」という言葉がよくあげられている。また、自由気ままで主張がある、つまり自立している点も魅力にあげられている。これは飼い主に忠実で誠実、従順であるイヌとは大きく異なる行動特性といえる。このような行動特性をネコが持っている背景には、進化、家畜化の歴史があるといえるであろう。次にネコの家畜化の歴史について概観してみたい。

ネコの家畜化の歴史

以前（2000 年ごろまで）はネコがヒトと共存を始めたのは、古代エジプト時代、約 4000 年前ではないかといわれていた。しかし、2004 年に、もともと野生のネコが生息していないキプロス島の 9500 年前の遺跡で、ヒトの墓地にネコが一緒に埋葬されていたという証拠が示されたことで、最近では、ネコとヒトの共存の歴史は約 1 万年前から始まったといわれている。

また、ネコと近縁の野生種（ヨーロッパヤマネコやリビアヤマネコ）と世界各地のネコの遺伝子を調べた研究によれば、ネコの発祥の地は近東のあたりで、祖先種はリビアヤマネコであるとのことである。このリビアヤマネコは多くのネコ科動物がそうであるように、群れをつくらない単独性の動物である。このあたりの地域は、農耕発祥の地とも重なり、古くからいわれているとおり、ネコはヒトが

蓄えた穀物に集まってきたネズミに惹きつけられて、ヒトの傍で生活をするようになったのだろう。その後は、ヒトにとって大切な食物を守ってくれる益獣でもあったため、ネズミをとったり、ヒトから残飯をもらったりして、ヒトとの共存が続いたと考えられる。

ネコの食性は肉食に特化しており、近年キャットフードが改良されるまでは、ヒトから与えられるエサでは栄養素が不足するため、自身でもエサを調達していたと考えられる。今でこそキャットフードがネコの食性に適したものになり、完全室内飼いが可能となっているが、ごく最近までは（最近でも？）ネコは自ら外に出てエサをとっていた、つまり野生としての行動を残し、ヒトの管理から離れて自由に行動していたといえる。そのような環境で、繁殖も当然自由に行っていた（いる）と考えられ、現在でも97％のネコが自由に繁殖をしているのではないかとされる。もちろん一部のネコは猫種を確立、維持するためにブリーダーに行動、繁殖を管理されてきたが、そのような歴史はたかだかここ150年ほどのものである。

このようにネコのヒトとの共存の歴史を見てみると、冒頭で述べたとおり、ネコが完全に家畜動物といえるのかどうか、怪しくなってくる。まず、家畜化の過程というのは、動物の行動や繁殖を意図的に規制しようとはせず、ひたすら捕まえてヒトが飼育するという段階ののち、最終的にはヒトが動物の繁殖や行動を意識的、選択的に規制、管理する段階を経る。先にも述べたように、現代では珍しくなってきているかもしれないが、これまでほとんどのネコが自由に行動し、自由に繁殖を行ってきた。つまり、ネコは家畜化の過程を完全には経ていないということである。

また、野生動物が家畜化される際の障壁として、1）ヒトによるエサの供給が困難、2）成長速度が遅い、出産間隔が長い、3）気性が荒い、4）飼育下での繁殖が困難、5）順位のある群れで生活して

いない、なわばりを作る、6）パニックになりやすい、という特徴があげられている。ネコの祖先種とされるリビアヤマネコは、肉食に特化しているため、ヒトによるエサの供給が困難であるし、単独性のため、順位のある群れで生活しておらず、なわばりを作るという家畜化されにくい特徴を持っているといえる。多くの家畜化された動物は、群れをつくり集団で生活し、群れごとのなわばりがなく複数の群れが生活環境を共有しているという社会性を持っている。ネコとフェレットだけが、単独性でなわばりを持つ動物でありながら、ヒトに飼いならされた動物といわれている。

　このような祖先種の特徴と家畜化の歴史から、3〜5万年ともいわれる長いヒトとの共存の歴史を持ち、使役動物として積極的に選択交配（人為選択）がなされてきたイヌと比べると、ネコがヒトから自立していたり、ヒトのいうことを聞かなかったりといった行動特性を備えているのは当然に思えるであろう。逆にイヌに並んで伴侶動物となっていること自体が、非常に不思議に思えてくるのではないだろうか。

ヒトとの共存によるネコの進化

　ヒトとの共存の歴史が短く、ヒトから積極的な選択交配を受けてこなかったとはいえ、ネコも野生種から変化してきている。これはヒトが積極的に選択交配した結果ではないので、ヒトとの共存という環境による自然選択といえる。まず、ネコ科の動物はライオンとチーターを除き単独性であるが、ネコはヒトの与えるエサに集まるようになった結果、ネコ同士でも繁殖の場面（配偶と子育て）以外で社会行動が見られる。エサの密度が高い環境では、集団で生活することがわかっているうえ、複数個体で飼育すると社会的な順位が

形成される。単独性だった野生種のころにはほとんど見られなかったであろう、視覚、聴覚、嗅覚、触覚を使ったコミュニケーションが日常的に見られるだけでなく、尾を立てて近づくというネコ独自のコミュニケーションも発達させている。ちなみにこの行動はヒトに対しても用いられる（図2）。

　ヒトとのコミュニケーションの文脈でも、ネコが野生種から進化していることを示すような研究もある。ネコは「ニャー」というもともとは子ネコが母ネコに対して使う音声を、ヒトに対して使うが、リビアヤマネコの「ニャー」とネコの「ニャー」をヒトが聞いた時、後者のほうが心地よく感じるという研究がある。これも積極的にヒトが心地よい「ニャー」を鳴く個体を選択交配したというより、ヒトにとって心地よい鳴き声の個体が、よりヒトから多くエサをもらい、結果的にそのような形質を持った個体が増えていったために、ネコの声の質が進化してきたものと考えられる。また、ネコは気持ちのよい時にゴロゴロと喉を鳴らすが、エサがほしいなどヒ

図2　尾を立ててヒトにわき腹を摺り寄せるネコ

トに要求する時も同様の音を使う。しかし場面によってこのゴロゴロ音の音響学的特徴は異なり、要求場面でのゴロゴロ音のほうがヒトにとって催促する感じ、不快な感じがすることが示されている。要求ゴロゴロ音のほうにはヒトの赤ちゃんの泣き声に含まれるような特徴があるという。これもヒトがそもそも持っている知覚に合わせて、ネコのゴロゴロ音が変化した結果ではないかと推察される。

ネコの心をさぐる研究

ここまでネコの行動がヒトとの共存により進化してきた点について紹介してきた。次に、本稿のタイトルでもある、ネコの心をさぐる研究について紹介していきたい。

実はネコは心理学の研究対象としては有名な種である。たとえば、オペラント条件付け（動物の自発的な行動が、その後引き起こされる環境変化によって報酬を得たり罰されたりすることによって、その行動が増えたり減ったりする学習の1つ）が最初に報告されたのは、ネコの問題箱の実験である。ソーンダイクは、板を踏むと鍵が外れ外に出られる問題箱にネコを繰り返し閉じ込め、ネコが脱出するまでにかかる時間がどのように変化するのかを調べた。最初ネコはやみくもに動き、何かの拍子に板を踏んで、外に出られる。その経験を繰り返すと、箱に入れられたらすぐに板を踏んで脱出できるようになる。

その他にも、ネコは顔面前方に両目がついており、この形態的特徴はヒトに類似している。そのため、視覚の研究対象にされてきたという歴史もある。ノーベル医学生理学賞を受賞したヒューベルとウィーゼルは、ネコの脳の視覚を処理する部位（視覚野）に電極を刺し、特定の傾きの線に反応するニューロンが存在することを発見

した。また、生まれてすぐ縦縞しか見えない環境で育てられた場合や、受動的にしか動けない環境で育てられた場合には、視覚が正常に発達しないという、視覚の発達における初期経験の重要性を示す古典的な研究でもネコが使われている。

　これらの研究は、基礎的な心理メカニズムを解明するものであったが、伴侶動物としての特性を理解する時に重要になってくるのは、動物がどのようにヒトを認知しコミュニケーションをとっているかである。イヌのヒトに対する社会的知性の研究はここ20年程の間に非常に盛んに行われてきている。たとえば、イヌはヒトの表情や、指さし、注意状態（イヌに注意を向けているか否か）を理解することができることがわかっている。

　一方、ネコを対象にそのような能力を調べた研究は、イヌに比べるとかなり少ない。その理由としては、これまで述べてきたように、ネコの祖先種は群れをつくらず、社会的行動が活発でないこと、ヒトの指示を積極的に聞かないなどの行動特性を持っていることがあげられる。しかし、イヌに比べてヒトとのコミュニケーションを積極的に行っていないと思われるネコも、ヒトのことを意外と（ネコを飼っている人からすると当然かもしれないが）わかっているということを示す、ネコの対ヒト社会的認知能力の研究の成果が少しずつ蓄積されてきている。

ネコの対ヒト社会的認知能力

　ネコのヒトに対する社会性の発達には、生後2～7週間の間に感受期があるといわれ、この間にたくさんのヒトに接すると、成長後、新奇なヒトにも怖がらずに近づくようになる。逆にこの期間にヒトとの接点が少ないと、新奇なヒトを避ける、人見知りをするネコに

なる（環境の影響だけでなく、遺伝的な影響もあるといわれるが）。人見知りをするということからも、ネコが飼い主とそうでない人を区別していることは間違いない。飼い主と他人の区別は、声刺激だけであっても可能である。著者らが行った研究では、乳児にもしばしば用いられる馴化脱馴化法という方法を用いて、他人の声と飼い主の声を区別していることを示した。ちなみにこの実験では、ほとんどのネコは飼い主の声を聞いた時も、鳴いて答えたり、そちらに向かって移動したり、しっぽを振ったり、といったコミュニケーションを積極的に取るような行動を示さず、頭や耳を音のするほうに向けるという音源定位反応を示しただけであった。ネコがツレないことを示したともいえる。

　ヒトの個体の識別だけでなく、ヒトの指さしをイヌと大差なく理解できていることを示す研究もある。イヌの研究のように細かな指さしの条件の違いが検証されているわけではないが、ネコも指さしが一時的でも、あるいは指とさした対象の距離がある程度はなれていても、ヒトの指さしを手がかりにエサを取ることができるという。ただし、同研究では、イヌやネコが自分でエサをとれない状況になった時に、飼い主のほうを見るかも調べており、こちらの実験ではイヌが飼い主の顔をよく見るのに対し、ネコはあまり見ないという結果が得られている。エサがとれない時に、ネコは飼い主を頼るような行動をとらないということであろう。このようなイヌとの違いも、ネコはヒトとの共存はしつつも、自らエサをとってきたという歴史を考えれば、納得がいくものである。

　ただし、どんな時もネコが飼い主を見ないかというと、そうでもない。怪しい新奇物（研究では扇風機にリボンがつけられたもの）を見た時には、ネコもイヌと同程度に飼い主の顔と新奇物を交互に見、その時の飼い主の表情によって行動を変える、いわゆる社会的

参照を行うことが知られている。状況によってはネコもヒトに頼るといえるであろう。

　上記の研究同様に、ネコがヒトの表情や感情状態を区別していることを示す研究結果も出てきている。飼い主の心理状態を問うアンケートを実施しつつ、ネコの行動を観察すると、うつ状態の飼い主とそうでない飼い主では、前者に対してネコが体をこすりつける行動が多く見られるという。実験的に飼い主が怒った表情と姿勢をしている時と笑った表情と姿勢をしている時では、後者のほうが、ネコがより飼い主の近くにいることが多いとする研究もある。ネコも飼い主の表情や感情状態を認識し、それに応じて行動を変化させているといえる。

　繰り返しになるが、ネコを飼っている人からすれば、当然と思われるかもしれないこれらネコの対ヒト社会的認知能力も、その研究成果が出てきたのはここ最近のことであり、逆に科学的見地からは、ネコは調べるところがまだまだあるともいえる。ヒトのいうことを聞かない、人見知りをする、といった研究対象としては非常にマイナスな面を持つネコであるが、ネコの飼育頭数が増加傾向にある中、ネコの本当の姿を科学的に示す研究が増えていくことが期待される。

プロフィール

齋藤慈子（さいとう　あつこ）
1977年生まれ。東京大学大学院総合文化研究科博士課程修了。博士（学術）。東京大学大学院総合文化研究科助教、同講師等を経て、現在武蔵野大学教育学部講師。ネコを対象にした比較認知科学研究の他、マーモセット、ヒトを対象にした養育に関する研究も行っている。

読書案内

◇藤田和生編著『比較認知科学』（放送大学教育振興会、2017年）
　＊近年の研究成果も紹介されている比較認知科学のテキスト。

◇大石孝雄『ネコの動物学』（東京大学出版会、2013年）
　＊ネコの動物学的特性から飼育のための基礎知識、ネコに対する動物観までを解説。

◇小原嘉明『入門！ 進化生物学――ダーウィンからDNAが拓く新世界へ』（中公新書、2016年）
　＊生物の多様性、合理性の生物学的由来を追求する、進化学の入門書。

IV 宇宙の根源を問う

超新星ニュートリノで探る大質量星の最後の姿
―― 超新星爆発

川越至桜

夜空を見上げて

古来より、我われは夜空を眺め、星を見てきた。星は、夜空を見上げればそこにあるとても近い存在である一方、手の届かない遠い存在でもある。そのため、我われとは関係がないと思われがちな星々の世界だが、手は届かなくとも、実はかつて星々だったモノたちには直接触れることができる。我われと星とは非常に深いつながりがある。では、どのようなつながりがあるのろうか。

超新星とわたしたち

超新星とは、ある日突然目立たなかった星が銀河にも匹敵するくらい明るく輝きだす星のことである。昔の人はこのような星を見て新しい星が誕生したと考え、それが"新星"という名の由来になった。現在では、超新星とは、星がその進化の最終段階において起こす大爆発であることがわかっている。

我われの体や身の回りのものすべては、様々な元素（化学物質を構成する基礎的な成分）で構成されている。この元素のほとんどが、夜空で輝く星（恒星）の中で作られる。星は主に水素から成ってお

り、水素の核融合によるエネルギーで、その輝きを保っている。この核融合により水素からヘリウム、さらには、ヘリウムの核融合により炭素や酸素と、より重い元素が作られる。

特に、太陽の10倍以上の質量のある星の中では、さらに核融合が進み、ネオン、マグネシウム、シリコン……といった具合に、次々と重い元素をつくり出していき、鉄まで作られる。こうして作られた様々な元素は、星が一生を終える際に起こす大爆発である「超新星爆発」によって宇宙空間に撒き散らされるのである。

また、超新星爆発の際には星の中で起こる核融合反応とは異なるいくつかの反応により様々な元素が合成される。それらの反応では、金、銀、銅やウランなど鉄よりも重い元素が合成される。

星の中で合成された元素や、超新星爆発時に合成された元素は、爆発によって宇宙空間に撒き散らされる。それが新たな星の材料になり、その星が爆発し、また次の星の材料になる。そのようなサイクルの中で、太陽が誕生し、それとともに地球やその他の惑星が誕生したと考えられている。地球上の人間、動物、草木そして地球自体も宇宙空間で輝く星の中で作られた元素から成り立っているのである。

これまでの超新星爆発

超新星爆発は数多く観測されているが、過去に肉眼で観測されたとされるものとしては、1054年おうし座付近(現在のカニ星雲M1:図1)、1572年カシオペヤ座付近「ティコの星」、1604年へびつかい座付近「ケプラーの星」などがある。1054年の超新星は、中国の記録宋史天文志に客星として記されている。日本でも、藤原定家が『明月記』に記録している(定家は1162年に生まれており、

実際に見たわけではない)。1054年に目撃されたこの超新星は、3週間もの間、昼間でも見えるほど明るく輝き、2年後には見えなくなったとされている。1572年、ティコ・ブラーエはカシオペヤ座に明るく輝く新星を発見した。これがティコの星である。その後、14カ月間観察を続け記録を残している。1604年にへびつかい座に現れた超新星はヨハネス・ケプラーによって観測され、ケプラーの星と呼ばれている。ケプラーはこの観測結果を *De stella nova in pede Serpentarii*(へびつかいの足の新しい星)という本として出版している。この時代以前では、天は永久不変なものとして信じられていたが、この辺りから天は不変ではないのではないかと多くの人が興味を抱くようになってきた。

図1　かに星雲 M1(1054年の超新星の残骸)
(提供 国立天文台)

そして、ケプラーの星の次に肉眼で観測された超新星は、1987年2月に大マゼラン銀河で起こった超新星 SN1987A である。この爆発の際、理論的には予測されていたが未検出であった、超新星から放出される「ニュートリノ」と呼ばれる粒子が、日本のカミオカンデにより 11 個、アメリカの IMB により 8 個検出された。それまで、原子炉や太陽からのニュートリノは観測されていたが、超新星からのニュートリノ（超新星ニュートリノ）としては初めて観測されたわけである。これにより、ニュートリノ天文学が開花した。その功績で、2002 年に東京大学の小柴昌俊名誉教授がノーベル物理学賞を受賞している。また、超新星ニュートリノにとっても重要な「ニュートリノ振動」という現象が後に発見され、2015 年には東京大学の梶田隆章教授がノーベル物理学賞を受賞している。このように日本のニュートリノ研究は世界でもトップクラスと言えるだろう。ではニュートリノとは何なのだろうか。

ニュートリノとニュートリノ振動

　身の回りのものをどんどん細かくしていくと、これ以上分けることのできない最小の単位と考えられている「素粒子」にたどり着く。物質を作る素粒子は 12 種類あるが、ニュートリノもその素粒子の一種である。

　ニュートリノ（neutrino）は、中性（電気を帯びていない）という意味の「ニュートラル（neutral）」と、イタリア語で小さいという意味の「イノ（ino）」を組み合わせたものである。その名の通り、中性の（電気を持たない）小さい粒子（素粒子）であり、宇宙で最も豊富な素粒子の 1 つである。ニュートリノには「電子型」「ミュー型」「タウ型」の 3 種類がある。

ニュートリノは電荷を持たないため、他の物質とほとんど反応せず、人間どころか、地球すら容易に通り抜けてしまう。そのためニュートリノの観測は非常に難しく、その性質は謎に包まれていた。1956年に初めて、アメリカの物理学者ライネスらは原子炉から生まれるニュートリノを捉えることに成功した。現在では、世界中で太陽ニュートリノ実験、大気ニュートリノ実験、超高エネルギーニュートリノ実験、超新星ニュートリノ実験、原子炉ニュートリノ実験など、様々な実験や観測が行われ、理論的な研究も行われている。

　1960年代以降の様々な実験から、太陽ニュートリノ（太陽からやってくるニュートリノ）のうち電子型の成分が、理論予測の$\frac{1}{3}$程度しかないことが示され、「太陽ニュートリノ問題」として30年来の謎となっていた。後に、日本のスーパーカミオカンデ実験やカナダのSNO実験などにより、太陽ニュートリノ問題の原因は「ニュートリノ振動」という現象であることが明らかになった。

　ニュートリノ振動とは、あるニュートリノが飛行中に他の種類のニュートリノに変わる現象である。例えば、初めはミュー型だったニュートリノが、飛行中にタウ型に変わり、その後またミュー型に変わるといった具合に、周期的にニュートリノの種類が変わる現象をニュートリノ振動という。ニュートリノ振動は、ニュートリノの質量が0の場合は起こらない現象である。つまり、ニュートリノ振動があるということは、ニュートリノに質量があることを示している。これまで、素粒子の標準理論ではニュートリノの質量は0だと考えられていたが、ニュートリノ振動の発見により、ニュートリノに質量があることが示され、素粒子の標準理論の見直しが必要となった。

　ニュートリノは、未解明の素粒子理論を解明するための重要な手

がかりを与えると期待されている。また、超新星爆発のメカニズムといった様々な天文現象の解明にも、ニュートリノやニュートリノ振動が重要な役割を担っていると考えられている。

超新星爆発のメカニズム

超新星爆発は様々な種類があることが知られており、「観測的な分類」と「爆発メカニズム（爆発の仕方）的な分類」ができる。観測的な分類としては、スペクトルに水素の輝線を含まないI型と、水素の輝線を含むII型に大きく分ける事ができる。I型のうちケイ素の吸収線が強いものをIa型、ケイ素の吸収線が無く、ヘリウムの吸収線が強いものをIb型、ヘリウムの吸収線が弱い（又は無い）ものをIc型と分ける事ができる。これらの違いは、爆発時に星の外層がどの程度残っているかによると考えられている。メカニズム的な分類としては、Ia型は炭素の核燃焼が暴走した結果起こる爆発とされており、それ以外は重力崩壊型超新星爆発と分類されている。

ここでは、重力崩壊型超新星爆発について見ていく。爆発前の星の質量が太陽の質量の10倍以上ある星では、星の中で核融合が進んだ結果、その中心部に鉄のコアが形成される。そして、その周りをシリコンの層や酸素・ネオン・マグネシウムの層、炭素・酸素の層、ヘリウムの層、水素の層と、軽い元素の層が取り巻いた、たまねぎのような構造になっている（図2:0）。この時、星自体は赤色超巨星というものになっている（SN1987Aは青色超巨星であった）。

星のコア内部は高温・高密度（約100億度。約1万トン/cm^3）な状態となっており、コアが自らの重力に耐えられなくなると、コアは重力崩壊し中心部に向かって潰れていく。それと同時に、多くのニュートリノがコア内部で生成される（図2:1）。

生成されたニュートリノは、はじめは自由にコアから逃げ出していく。重力崩壊が進み密度が急激に大きくなると、他の物質とはほとんど反応しないニュートリノでさえも、収縮するコアに閉じ込められる。これをニュートリノ・トラッピングという。これにより、超新星爆発メカニズムに対するニュートリノの役割の認識が大きく変わった。

　重力崩壊が進み、コアの中心部の密度が原子核の密度（数億トン/cm^3）を超えると、内部コア（コアの中心部分）では収縮が止まる。一方、外部コア（内部コアより外側のコア）は超音速で落下し続けているため、内部コアと外部コアの境界で衝撃波が発生する（図2:2）。この衝撃波が星の外側へと伝播していき、星全体を吹き飛ばすこととなる。

　衝撃波の初期のエネルギーは観測されている爆発エネルギーよりも大きいため、このまま伝播するのであれば、衝撃波は星の外層を吹き飛ばし超新星爆発を引き起こすことができる。しかし、衝撃波がコアを伝播する間に、外部コアから降ってくる物質によって勢いを失い、コア内部で停滞する。衝撃波が停滞した場合、超新星爆発

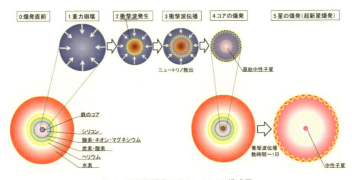

図2　超新星爆発に至るシナリオの模式図

は起こらず、星はブラックホールになる。しかし、超新星爆発が観測されている以上、超新星爆発は実際に起こっている現象である。つまり、停滞した衝撃波がこの障害を乗り越えて、コアの表面に到達することができるかどうかが、爆発するかどうかの鍵となる。

この衝撃波復活にニュートリノが関係していると考えられている。コア内部から出てきたニュートリノのごく一部が、物質に吸収されることで、衝撃波後方の物質が温められる（図2:3）。そして、温められた物質が停滞していた衝撃波を押し上げ、衝撃波は再び星の外側に向かって伝播し、コアを爆発させる（図2:4）。さらに、コア内部の対流によって内部の熱い物質を運ぶことで、衝撃波後方でのニュートリノによる加熱が大きくなり、爆発を後押しすると考えられている。超新星爆発の際、重力崩壊からコアの爆発までは10秒程度の現象となっている。

では、衝撃波が外部コアを伝播している間の内部コアの様子を見てみよう。内部コアに向かって落下していた外部コアは衝撃波により減速され、内部コアに降り積もっていく。このようにして、衝撃波が通過していない冷たい内部コアと、衝撃波により熱くなり降り積もった物質からなる原始中性子星が誕生する。原始中性子星は非常に高温であるが、それを冷却するのもニュートリノである。ニュートリノは約10秒で拡散してエネルギーを持ち去り、高温の原始中性子星は冷え、中性子星が誕生する。

衝撃波が伝播しコアを爆発させた後、衝撃波は星の外層を伝播し、最終的に星を吹き飛ばす。衝撃波が星の表面の層（photosphere）に到達すると、超新星爆発として光で観測される（図2:5）。一方、超新星からのニュートリノはコアの爆発の際に放出される。コアの爆発から星の爆発までは数時間から数日かかる。そのため、光学的に超新星爆発を捉える前に、超新星ニュートリノが超新星爆発と中

性子星の誕生を我々に教えてくれるのである。

このように超新星爆発の研究は飛躍的に進歩し、爆発メカニズムやニュートリノの役割等が解明されてきた。しかし、依然としてコアの爆発は大きな問題となっており、爆発の詳細なメカニズムなどは未だに多くの謎が残されている。この謎に対し、超新星ニュートリノから迫ることができるのではないかと考えられている。

超新星ニュートリノから探る超新星爆発

超新星爆発の際に大量に放出される超新星ニュートリノは、重力崩壊から10秒たらずの間に放出される。このニュートリノが持ち去るエネルギーは、重力崩壊によって発生するエネルギーの約99％となっている（残りたった1％が爆発のエネルギー）。これだけのエネルギーを持ち去るニュートリノであるから、超新星の大きな手がかりを持っていると考えても不思議ではないだろう。

超新星のコア内部では、ニュートリノが大量に存在するため、ニュートリノ同士が相互作用する。また、コア内部という高密度な環境でのニュートリノ振動は、物質や衝撃波による密度変化の影響を受け、真空中とは異なる振る舞いとなる。そのため、超新星ニュートリノに現れる影響を明らかにし、地球上でどのように観測されるかを解明することができれば、コア内部で何が起こっているのか、密度変化の様子を間接的に知ることができる。つまり、超新星ニュートリノを使って超新星内部を「見る」のである。超新星内部を見ることができれば、爆発メカニズムを解明する手がかりを得られると考えられる。

数値計算の結果、放出される超新星ニュートリノは衝撃波の伝播によって影響を受け、地球上で観測されるニュートリノの数が大き

く変化することが分かった。例として、2次元の超新星爆発シミュレーションから得られた結果を紹介する。図3は、衝撃波の影響がない場合（赤道方向）と、影響がある場合（ジェット方向）でのスーパーカミオカンデで観測されるニュートリノ数の時間変化を数値計算で見積もった結果である。衝撃波の影響がない場合（点線）は、観測され始めてから時間とともに数が単調に減少している。一方、衝撃波の影響がある場合（実線）は、観測されるニュートリノの数が、0.5秒～3秒あたりで大きく減少している。これは衝撃波によりニュートリノ振動の振る舞いが影響を受け、ニュートリノのエネルギー分布が変化したためである。衝撃波がニュートリノ振動に大きな影響を与える密度領域は数千 g/cm^3 程度であることが分かっている。そのため、このモデルでは、衝撃波は約2.5秒かけて数千 g/cm^3 の領域を伝播したことがわかる。つまり、コア内部での衝撃波伝播の様子を、超新星ニュートリノを用いて間接的に知ることができると言える結果となった。

また、爆発前の星の質量によっても、超新星ニュートリノの観測数に影響が出ることが確認できた。そのため、超新星ニュートリノは、爆発前の星の性質を解明する際にも有効だと考えられている。

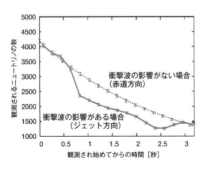

図3　2次元超新星爆発シミュレーションの場合における観測されるニュートリノ数の時間変化

さらに超新星爆発を起こさず、ブラックホールができる場合についても研究されている。重力崩壊に伴い、ブラックホールとその周りに円盤（降着円盤）やアウトフローが形成されるモデルの場合、降着円盤から大量のニュートリノが放出される。この降着円盤からのニュートリノを観測することにより、ブラックホールができる瞬間を捉えることが可能ということも分かった。

　これらのことから、将来、超新星などからのニュートリノが観測された際には、爆発メカニズムや爆発前の星の質量、ブラックホールができる瞬間など、様々な情報を引き出すことができ、超新星爆発の詳細なメカニズムの解明に一歩近づくと考えられている。

自分を見つめて

　自分の手を見つめてみよう。見慣れた手であるが、その手を構成する元素の多くが、遠い昔に星の中で生成され、超新星爆発によって撒き散らされたものである。

　星内部での核融合反応や超新星爆発時の核反応によって様々な元素が合成され、爆発とともに宇宙空間に撒き散らされる。撒き散らされた元素は新たな星の材料となり、その星が爆発し、さらに新たな星の材料となる。さらに、超新星爆発によって生じた衝撃波は宇宙空間のガスを圧縮し、新たな星の形成を促進する。

　我々の銀河系内での超新星爆発の発生頻度は少なく、数百年に1回程度と考えられている。しかし、宇宙全体で考えるとごく当たり前にいつも起こっている現象である。このごく当たり前の超新星爆発がどのように爆発するのか、その詳細なメカニズムは未解決の問題がまだ多く残っている。

　今ここに我々が存在するということは、過去に様々な元素を

作った星が存在し、そして超新星爆発したといえる。つまり、超新星爆発の謎を解明するということは、我われの遠い遠いルーツを知ることにつながっていると私は考えている。自分のルーツを知りたいということが、私にとって超新星研究の動機の１つと言える。

　元素の大きな流れを考えながら夜空を見上げてみよう。宇宙は遠い世界だが、これまでより身近に感じるのではないだろうか。

プロフィール

川越至桜（かわごえ　しおう）
1978年生まれ。神奈川県出身。総合研究大学院大学物理科学研究科天文科学専攻修了。博士（理学）。東京大学大学院理学系研究科、国立天文台などを経て2014年より東京大学生産技術研究所講師。専門は工学リテラシー、科学技術教育、宇宙物理学、ニュートリノ天文学。特技は箏曲（宮城社助教）。好きなものは黒。

図書案内

◇野本憲一・定金晃三・佐藤勝彦編『シリーズ現代の天文学第7巻　恒星』（日本評論社、2009年）
　＊星の進化過程や超新星爆発、元素合成など、恒星について学べる教科書。

◇青木和光『星から宇宙へ』（新日本出版社、2010年）
　＊星の研究から見た宇宙の現象や天体などについて、インタビュー形式で書かれた入門書。

◇田中雅臣『星が死ぬとはどういうことか』（ベレ出版、2015年）
　＊超新星爆発について基礎から最先端のテーマまで解説された超新星爆発の入門書。

素敵な数、素数

寺杣友秀

数理科学研究科の紹介

　数理科学研究科では純粋数学をはじめ、数学と他の分野の融合分野を研究している。はじめに大学における数学について、大雑把に紹介したいと思う。数学の分野は大きく、代数、幾何、解析があり、さらにその他の物理学、生物学、経済への数学の応用を見込んだ、数学の応用分野がある。高校での数学との関連でいうと、代数学は多項式や多項式を用いた方程式や、整数などの数の体系を扱う分野になる。今日お話しする素数とその性質を調べることは、この分野とのかかわりが深いところである。方程式を考えるとき、たとえば２次方程式でもそうだが、グラフなどの幾何との関係を積極的に用いて考える手法も取り入れられている。幾何は図形に関する性質を研究する分野である。高校では直線と円、それから放物線、楕円などを図形として扱うが、実際に存在する図形はこのように単純なものばかりでない。もう少し一般の図形の曲がり方などの性質を研究することも幾何学の分野である。考える世界も２次元といわれる平面、３次元といわれる空間からもっと高い次元の「空間」で考えたり、２次元でも平面の上ばかりではなく、球面のように曲がった空間の上で数学を展開したりすることも幾何において重要な課題である。自然科学でさまざまな量を扱うときに必要となってくるのが、関数の考え方だが、関数において値の変化の様子を調べたり、極限

操作を用いて研究する分野が解析である。高校でも微分積分を習うが、これは解析分野の代表的な手法である。以上に述べたことでもわかると思うが、ここまでが代数の範囲とか、ここまでは幾何や解析といったはっきりした境界があるわけではなく、だいたいの方向性を示す分野分けといえる。今から述べる「素数」の話も代数分野に関連が深いものだが、中では解析分野の考え方も多く使われる。また、ほとんどの自然科学において分析の仕方や論理的な考察の基礎には数学が使われているので、自然科学をより深く研究しようとするならば、基礎的な数学の考え方は必要である。きちんとした分析をして、確かな事実を積み重ねていくことは、新しい発想を実らせていくための一番の近道であることが多いのである。そういった科学の土台となる数学は大学の教養課程で学ぶことができる。

素数はたくさんあるか

自然数とは $n = 1, 2, 3, ...$ といった数のことだが、a, b を自然数としたとき、加法 $a+b$ と乗法 ab を考えることができる。$ac = b$ となる自然数 a, c があるとき、b は a で割り切れるという。このとき b は a の倍数であるといい、a は b の約数であるという。p を 2 以上の自然数とする。p がどんな自然数であっても 1 と p は p の約数だが、この 2 つ以外に約数がないとき、p は素数とよばれる。たとえば 7 はそういう性質をもっているので、素数となる。28 は 2 が 1 と 28 以外の約数になるので、素数ではない。素数でない数を、(1 は除外する。) 合成数という。1 とその数以外に約数があったらどんどん積の形に分解して書いてゆくことにより、どんな 2 以上の自然数も最終的に素数の積に書けることがわかる。たとえば $28 = 4 \times 7 = 2 \times 2 \times 7$ となる。べつの仕方で $28 = 2 \times 14 = 2 \times 2 \times 7$

とやってもかまわないが、実は、どういうやり方でやっても、最終的に素数の積の形に書いたとき、掛け算の順番を変えれば、同じになることが証明できる。この性質は素因数分解の一意性といわれる。これは当たり前のように思われるかもしれないが、証明しなければならないことである。その証明を自分で考えてみるのもよいと思う。その際、どこまでの事実は既知として認めてよいか、も併せて考えなければならないだろう。素数は自然数の掛け算を元に考えて、一番基本的な構成要素といえる。素数を小さいほうから書いていくと、2, 3, 5, 7, 11, 13, 17, ... となる。そこで次の問題を考えよう。

問題 2.1. 素数はどれくらいあるのだろうか？

これに関して大雑把に、次の定理が成り立つ。

定理 2.2. 素数は無限にある。

証明. もし素数が有限個しかなければ、素数のすべてを $p_1, p_2, ..., p_n$ とおく。このとき $k = p_1 p_2 p_3 \cdots p_n + 1$ とおくと、k は p_1 で割ると1余るので p_1 では割り切れない。同様に p_2 でも、$p_3, ..., p_n$ でも割り切れないことがわかる。従って、この数を素因数分解すれば、$p_1, ..., p_n$ 以外の素因数が出て来て、素数のすべてを $p_1, ..., p_n$ としたことに反する。したがって、素数は無限個ある。 □

上のように、定理を証明したいときに、それがもし成り立っていなければ、不合理が生じる、という仕方で証明する証明方法を背理法という。上の証明方法はユークリッド原論にも書かれており、素

数は無限にあることの証明はそのころから知られていた。

素数の密度

　無限にあることはわかったが、もう少し詳しく、どれくらいあるのだろうか？　無限の要素をもつ集合の大きさは、何を基準にしてどう測ればよいのだろう？　この問題を数の集合の密度で考えてみる。たとえば、1から100までで考えると偶数は50個、2の冪は1, 2, 4, 8, ..., 512までで、10個なので2の冪のほうが少ないといえる。100の代わりに、たとえば10000まで考えれば、この差はもっと開くだろう。

　個数を比較するのに密度を考えるのは自然で、たとえばNを十分に大きな数として$A_N = \{n \mid n \text{は偶数}, n \leq N\}$, $B_N = \{n \mid n \text{は2の冪}, n \leq N\}$としたとき、$N$が無限にいったときの$\frac{A_N}{B_N}$の極限は無限になることが証明できる。このようなことが成り立つとき、偶数の密度は2の冪で表される数の密度より大きい、ということにする。

　それでは、素数の密度はどれくらいか、という問題を考えてみる。実験的に10の冪として表される数の次に来る素数を観察してみる。まず10の次に来る素数は11、100の次に来る素数は101という具合に見ると、1000の次は1009、10000の次は10000 + 7、という具合になる。この調子で10^{20}の次に来る素数を計算してみると$10^{20} + 39$となっている。これを見ると、素数の割合は減ってはいるものの、かなり大きな数においても、たくさんあることが観察されると思う。

　さてそれでは素数の密度について考えてみる。Nを十分に大きい数とすると、Nが素数かどうかを確かめるのにはNより小さい素

数で割れてはいけないことになる。ここで自然数をとってきた時、それが2の倍数にならない確率を考えるとだいたい $\frac{1}{2}$ になることがわかる。また3の倍数にならないということは3で割った余りが1, 2ということなので、その確率は $\frac{3-1}{3} = \frac{2}{3}$ になる。これらが同時に成り立つ確率、つまり3でも2でも割り切れない確率は6で割ったときの余りが1または5となる時なのでその確率は $\frac{1}{2} \cdot \frac{2}{3} = \frac{2}{6}$ となる。これは下のベン図を用いて次のように考えることができる。

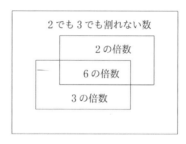

図1

この図を用いると $1 - \frac{1}{2} - \frac{1}{3} + \frac{1}{2} \cdot \frac{1}{3} = \left(1 - \frac{1}{2}\right)\left(1 - \frac{1}{3}\right)$ として求めてもよいことになる。p を N 以下の最大の素数として、N までの自然数の中では素数であることは、$2, 3, 5, ..., p$ で割り切れないことと同値になるので、その確率は

$$C_p = \left(1 - \frac{1}{2}\right)\left(1 - \frac{1}{3}\right)\left(1 - \frac{1}{5}\right)...\left(1 - \frac{1}{p}\right)$$

となると考えられる。上の積は p までの素数をわたるものである。大体 p と N が等しいとして、これは N が大きくなるとどれくらい小さくなるだろうか？ 1より小さい $\left(1 - \frac{1}{p}\right)$ をかけていくのでどんどん小さくなるはずである。この素数の密度を、もう少しよくわかった N の関数と比較できるだろうか？

$\frac{1}{C_p}$ の大きさ

C_p の大きさを測るのに、便利な方法がある。まず等比級数の和の公式

$1 + r + r^2 + \cdots + r^{n-1} = \frac{1-r^n}{1-r}$ を用いて、n が無限になるときを考えると、

$$1 + \frac{1}{2} + \left(\frac{1}{2}\right)^2 + \left(\frac{1}{2}\right)^3 + \left(\frac{1}{2}\right)^4 + \cdots = \frac{1}{1-\frac{1}{2}}$$

となる。したがって

$$\frac{1}{C_p} = \left(1 + \frac{1}{2} + \left(\frac{1}{2}\right)^2 + \left(\frac{1}{2}\right)^3 + \left(\frac{1}{2}\right)^4 + \ldots\right)$$

$$\left(1 + \frac{1}{3} + \left(\frac{1}{3}\right)^2 + \left(\frac{1}{3}\right)^3 + \left(\frac{1}{3}\right)^4 + \ldots\right)$$

$$\cdots$$

$$\left(1 + \frac{1}{p} + \left(\frac{1}{p}\right)^2 + \left(\frac{1}{p}\right)^3 + \left(\frac{1}{p}\right)^4 + \ldots\right)$$

となる。これを展開すると、m を素因数分解したときに $2, 3, \ldots, p$ の因数をもつ自然数にわたって $\frac{1}{m}$ を加えたものに等しくなる。1 から N までの因数はすべて p 以下なので、

$$1 + \frac{1}{2} + \cdots \frac{1}{3} + \cdots + \frac{1}{N} \leq \frac{1}{C_p}$$

が成り立つ。この和を表す簡単な公式はないのだが、次のようにして、だいたいの大きさはわかる。たとえば $N = 2^n$ の場合を考える。

$$1 + \frac{1}{2} + \left(\frac{1}{3} + \frac{1}{4}\right) + \left(\frac{1}{5} + \frac{1}{6} + \frac{1}{7} + \frac{1}{8}\right) + \cdots + \left(\frac{1}{2^{n-1}+1} + \cdots + \frac{1}{2^n}\right)$$

$$\geq 1 + \frac{1}{2} + \left(\frac{1}{4} + \frac{1}{4}\right) + \left(\frac{1}{8} + \frac{1}{8} + \frac{1}{8} + \frac{1}{8}\right) + \cdots + \left(\frac{1}{2^n} + \cdots + \frac{1}{2^n}\right)$$

$$\geq 1 + \frac{1}{2} + \frac{1}{2} + \frac{1}{2} + \cdots + \frac{1}{2} = 1 + \frac{n}{2}$$

したがって $C_p \leq \frac{2}{n+2}$ となる。対数関数を用いれば、$n = \log_2(N)$ と表すことができる。従って次の不等式が成り立つ。

$$(1 から N までの数の中の素数の確率) \leq \frac{2}{\log_2 N + 2}$$

つまり素数の確率は N に対して非常にゆっくり 0 に近づく関数で上から評価されるのである。

素数定理

上はずいぶん大雑把な評価だが、思ったよりはよい評価で、実は次の定理が成り立つことが知られている。

定理 5.1（素数定理、ガウス、アダマール、ド・ラバレ・プサン）。$P(n)$ を 1 から n までの間の素数の数とすると、
$$\lim \frac{P(n)}{\log(n)} = 1$$
となる。つまり、1 から n までにある素数の密度は $\frac{1}{\log(n)}$ である。

上の定理において対数関数 $\log(n)$ の底はネーピアの定数（あるいは自然対数の底）と呼ばれる定数で、その近似値は $e = 2.71828182845904\cdots$ となる。下に n と $\log(n)$ の表を示す。

表 1

x	$\log(x)$	x	$\log(x)$
10	2.30258509	10000	9.21034037
100	4.60517018	100000	11.51292546
1000	6.90775527	1000000	13.81551055

つまりこの表によれば、10 万までの数の範囲で考えれば、11 個か 12 個に 1 つは素数があることになる。10 万までの数のほとんどは 6 桁だから、6 桁の数には確率的には 10 個から 14 個に 1 つは素数があることになる。たとえば 6 桁の数は全部で 900000 個で、そのうち仮に素数が 14 個に 1 個だったとしても約 $\frac{900000}{14} = 64286$ 個と素数は非常に豊富にある。また素数にはよい判定方法があるの

が知られているので、素数を見つけることは簡単なことである。その反面、2つの素数を掛けた合成数を素因数分解するのはよいアルゴリズムが知られておらず、非常に時間がかかる問題である。

実は次に述べるように上の事実は現在の暗号理論における暗号の安全性を保障するものとなっている。現在主に使われている暗号に使われる2つの素数の積の数は1024ビット＝約300桁で、これに関する解読コンテストには賞金は10万ドル＝1000万円がかかっているが、未だに因数分解できていない。1000億円くらいのスーパーコンピュータの京を使えば、1年もあれば因数分解できるのではないかと評価している人もいるそうである。

公開鍵暗号

大きい数になると素数の確率は徐々に減ってゆくのだが、それでもかなりたくさんの素数がある、ということを見た。そしてそのことから、大きな数であると素因子を見破ることは難しく、2つの大きな素数を掛けて得られる数に対して素因数分解する効率のよいアルゴリズムも現在は存在しない。実はこの事実は公開鍵暗号の理論に応用されている。

まず公開鍵暗号とはどういうものかを述べよう。暗号化して情報を送るというのは、インターネットなどでクレジットカードの番号のように人に知られては困る情報を送ることを想定している。図2を見てみよう。インターネットはさまざまな情報をネットワークでやりとりする仕組みだが、途中で悪意をもっている第三者が情報を傍受することも可能である。図2ではAさんがBさんに情報を送ろうとしているところで、Cさんは途中にいて、傍受することができる。現代のインターネットの仕組みを図式化したものである。

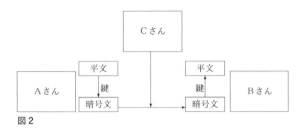

図2

　Cさんにわかってしまってはまずいので、Aさんは情報を暗号化してBさんに送って、Bさんはその情報を解読するという方法をとる。たとえば「あしたのあさこい」といった内容の文章を送りたいとする。このように送りたい文章のことを平文（ひらぶん）という。そこで50音に従って「3文字後にずらす」という操作をして送るとする。この規則に従って、文章を変換すると、「えそてふえせすお」と変換されることになる。もとの文章になおすには、「3文字前にずらす」操作をすればよいので、3文字という解読のための情報を知っていれば、Bさんは送られた暗号をもとの文章にもどせる。このように戻すことを復号といい、そのために必要な「後に3文字」という情報を暗号の鍵という。暗号を解読するために必要となる鍵は、Bさんにだけわかって、Cさんにはわからないようにしたいわけである。解読に必要な鍵をAさんが決めて暗号化しても、解読に必要なその鍵をBさんに教えなくてはならない。この点が問題となる。これを

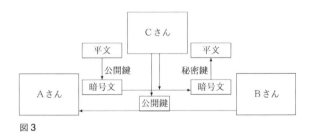

図3

解決するものとして、考えられたのが公開鍵暗号という仕組みである。これは図3で表される。

　図2と違うところは、2点ある。まず鍵には暗号化用鍵＝公開鍵と復号化用鍵＝秘密鍵の2種類があることである。もう1つは、この2つの鍵は情報を受け取るBさんが作ることである。暗号化は公開鍵を使って行うことにする。そしてそれをもとの文章に復号するには秘密鍵を知らなければ、著しく困難であるような仕組みを作っておく。公開鍵を使って誰でも暗号化できるが、復号化は秘密鍵をもっている人しか簡単にはできないのである。仮に原理的には秘密鍵が計算できても、そのために著しい時間がかかるのであれば、秘匿性（秘密を守る性質）が十分高く、実用的である。公開鍵暗号において要請される性質を列挙すると次のようになる。

(1) 公開鍵、秘密鍵は容易に作り出すことができる。
(2) 公開鍵を用いて、平文は容易に暗号化できる。
(3) 暗号文を復号化するのは秘密鍵を用いれば容易にできるが、秘密鍵を知らなくては、著しく困難である。

RSA 暗号

　そのような性質をもつ暗号として考えられたのが RSA 暗号である。これは素数に関する先に述べた次の性質を使う。

(1) 大きな数において素数はたくさんあり、かつそれが、素数かどうか判定するのは容易である。
(2) 2つの大きな素数の積が与えられたとき、これを因数分解するのは困難である。

素数に関するこれらの性質を暗号理論に利用しようというわけである。その性質を認めて、RSA暗号の仕組みの概要を説明しよう。まず2つの異なる素数pとqをとってくる。そして$e \cdot d = c \cdot (p-1) \cdot (q-1) + 1$となるような$e, d, c$を選ぶ。たとえば$p = 137$, $q = 251$を2つの素数とすれば$13 \times 13077 = 5 \times (137-1) \times (251-1) + 1$が成り立つので、今の場合、$e = 13$, $d = 13077$, $c = 5$とすれば十分である。このとき次の定理が成り立つ。

定理 7.1（一般化されたフェルマーの小定理）。aをpでもqでも割り切れない自然数でpqより小さいとする。このときaを$c(p-1)(q-1)+1$乗したものをpqで割ったあまりはaになる。

この定理を上の例で考えてみると、$0 < a < 137 \times 251$なるaで137でも251でも割り切れなければ、$a^{5 \cdot 136 \cdot 250 + 1}$を$137 \times 251$で割った余りは$a$になる。このようにして求めた数$p, q, e, d$を用いて次のように公開鍵、秘密鍵、暗号化の方法、復号化の方法を定める。以下、自然数aに対してaをnで割った余りを$a \pmod{n}$と書く。

(1) まず受け手であるBさんは上に挙げた方法でp, q, e, dを定める（cは使わない）。
(2) Bさんはpとqの積のnを計算して、nとeの組(n, e)を公開鍵としてAさんに送る。この鍵はCさんに傍受されてもかまわない。この際Bさんはp, q, dは秘密にしておかなければならない。あとで復号のときに使うためにnとdの組(n, d)を秘密鍵として記憶しておく。これは他人には見せないようにする。上の例の場合は$137 \times 251 = 34387$なので、(n, e)

=(34387, 13), $(n, d) = (34387, 13077)$ となる。

(3) 次にAさんは送りたい情報 a を暗号化する。a は pq より小さく、p でも q でも割り切れない数でなくてはならないのだが、通常は p も q も十分に大きな素数を選ぶので、p と q の小さいほうよりも小さい数を送ることにする。はじめから p や q は十分に大きくとるという約束事はすべての人に共通の約束事として定めておかなくてはならない。

（暗号化の方法）a^e を n で割った余り、つまり $b = a^e \pmod{n}$ を求め、それを暗号としてBさんに送る。上の例で、たとえば送りたい情報 a を 57 としてみる。この場合Bさんに送るものは $b = a^e \pmod{n} = 57^{13} \pmod{34487} = 32286$ となる。

(4) Bさんは受け取った暗号 b に対して $b^d \pmod{n}$ を計算する。こうすると a が復元できる。なぜなら、

$$b^d \pmod{n} = (a^e)^d \pmod{n} = a^{ed} \pmod{n} = a^{c(p-1)(q-1)+1} \pmod{n} = a \pmod{n}$$

となるからである。ここで最後の等式にはフェルマーの定理を用いた。今の例でやってみると $b^d \pmod{n} = 32286^{13077} \pmod{34487} = 57$ となり、確かに 57 となり、もとの情報が回復されている。Bさんは $d = 13077$ と知っているので b から a が回復できたのだが、傍受者Cさんは d を知らないため、このようなやり方では b から a は求められない。

Cさんは b と (n, e) 知っているのだが、この状態でもとの情報 a を求めようとすると、これには大変な計算量が必要となる。こういう理由から暗号の安全性が保障されている。

まとめ

ここで使ったのは整数論の定理の1つであるフェルマーの定理である。この定理は様々な自然科学において状態を測る数値を扱う数学とは少し趣きの変わった数学、デジタル化された情報を暗号化するときにはこういった自然数の代数的な性質が有効に使われる。とくに素数に特有の性質を用いて暗号を用いれば、他人に情報がもれることなく、目的の人にだけわかるような情報のやり取りが可能となる。暗号の安全性には素因数分解の困難さは用いられたが、本当にそれは困難なのか、ということは大問題として残る。いまのところは時間のかかるアルゴリズム以外のアルゴリズムが発見されていないというだけで、将来簡単なアルゴリズムができない保障にはならないからだ。しかしそのようなアルゴリズムがないのであれば、素数はほとんど無尽蔵にあるので、計算機の性能があがっても、それに応じて堅牢な暗号化ができることになる。

付録　フェルマーの定理

フェルマーの定理を証明する。p, q を異なる素数として $n = pq$ とおく。集合 A を

$A = \{a \mid a$ は p, q で割れない自然数で $0 \leq a \leq n - 1$ をみたすもの$\}$

とする。また自然数 a に対して a を n で割った余りを $a \,(\mathrm{mod}\, n)$ と書くと

$$ab \,(\mathrm{mod}\, n) = (a \,(\mathrm{mod}\, n) b \,(\mathrm{mod}\, n))(\mathrm{mod}\, n)$$

となる。次の補助定理が成立する。

補助定理 9.1. (1) $a, b \in A$ ならば $ab \,(\mathrm{mod}\, n)$ も A の元である。

(2) $a_1, a_2, b \in A$ として $a_1 b \pmod{n} = a_2 b \pmod{n}$ とすると、$a_1 = a_2$
となる。

証明. (1) a, b ともに p で割り切れなければ、ab も p で割り切れない。n は p の倍数なので、ab を n で割った余りも p で割り切れない。q についても同様。

(2) $a_1 b \pmod{n} = a_2 b \pmod{n}$ とすると、$a_1 b - a_2 b = (a_1 - a_2)b$ は n で割り切れる。b は p を素因数に持たないので $a_1 - a_2$ が p で割り切れなくてはならない。同様にして $a_1 - a_2$ は q でも割り切れなくてならず、その結果 $a_1 - a_2$ は $pq = n$ で割り切れなくてはならない。$a_1, a_2 \in A$ なので $a_1 = a_2$ となる。□

集合 A の元の個数を $m = \phi(n)$ と書く。これは n のオイラー関数と呼ばれる。さらに $A = \{b_1, b_2, ..., b_m\}$ とおく。このとき $m = (p-1)(q-1)$ となる。

定理 9.2. $a \in A$ とすると、$a^m \pmod{n} = 1$ となる

証明. $c_1, ..., c_m$ を $c_1 = ab_1 \pmod{n}, c_2 = ab_2 \pmod{n}, ..., c_m = ab_m \pmod{n}$ とすると定理 9.1 の (1) より $c_1, ..., c_m \in A$ であり、さらに (2) より i と j が異なれば、c_i と c_j は異なる。従って、A の元の個数を考えることにより $A = \{c_1, ..., c_m\}$ となることがわかる。従って A の元をすべて掛け合わせることにより、$c_1 \cdots c_m \pmod{n} = b_1 \cdots b_m \pmod{n}$ となる。これらを使うと次の等式が成り立つ。
$(a^m \pmod{n} b_1 b_2 \cdots b_m \pmod{n}) \pmod{n} = a^m b_1 b_2 \cdots b_m \pmod{n}$

$$=(ab_1 \pmod{n} \cdot ab_2 \pmod{n} \cdots ab_m \pmod{n})\pmod{n}$$
$$= c_1 c_2 \ldots c_m \pmod{n} = b_1 b_2 \cdots b_m \pmod{n}$$

さて定理 9.1 の (1) を繰り返して用いて $b_1 b_2 \ldots b_m \pmod{n}$ は A の元となることがわかるので (2) より $a^m \pmod{n} = 1$ となる。 □

定理 7.1 の証明 上の定理 9.2 を用いて

$a^{cm+1} \pmod{n} = ((a^m \pmod{n}))^c \cdot a \pmod{n})\pmod{n} = a \pmod{n} = a$

となる。

プロフィール

寺杣友秀（てらそま　ともひで）

1958年生まれ。東京大学大学院理学系研究科数学専攻博士課程修了。学習院大学、千葉大学、都立大学（現在の首都大学東京）を経て、1995年に東京大学大学院数理科学研究科に准教授として着任。2007年同教授。現在に至る。専門は代数幾何。

読書案内

◇青木昇『素数と2次体の整数論』（共立出版、2012年）
* 暗号に使われる合同式を使う数論はより多様な発展がもたらされている。基礎的なところから書かれた入門書で、代数の基礎に関することも書かれている。

◇フックス、タバチニコフ『ヒルベルトの忘れられた問題』（蟹江幸博訳、岩波書店、2013年）
* 幾何学に関する、古典から現代への橋渡しとなる問題をいくつか取り扱っている。数学者が何を考えどう取り組んだかも読み取れるであろう。同じシリーズに『メビウスの作った曲面』という同著者の著作もある。

◇河野俊丈『新版　組みひもの数理』（遊星社、2009年）
* 組みひもという身近な対象を分類するにはどうすればよいだろう。それらを取り扱うために代数的な入れ物を準備して扱っている。真ん中あたりから、高校の指導要領からはずれてしまった行列が使われるが、組みひもにまつわる美しい構造が書かれている。

地球と生命の共進化
――多細胞動物の出現とカンブリア爆発

小宮剛

地球と生命の進化の概略

　地球は、およそ45億年前に微惑星集積、ジャイアントインパクト、マグマオーシャン、核形成や後期隕石重爆撃など多くの大イベントを経て劇的に誕生した。やがて、地球表面が冷えると海洋が誕生し、40億年前にはすでにプレートテクトニクスが機能するようになる。そして、プレートテクトニクスの開始によって、大陸地殻の形成が始まり、19億年前には超大陸が形成され、その後、大陸の離合集散が繰り返され、現在に至った。一方、39.5億年前の地層から生命の痕跡が発見されていることから、生命もそれ以前（冥王代）には誕生し、35〜25億年前には酸素発生型の光合成生物が出現し、大酸化イベントの後、真核生物、多細胞生物、後生動物（多細胞動物）の出現を経て、人間を含む哺乳類が生まれた（図1）。本稿では、最近の私たちの研究によって新たに分かった、最古の生命の痕跡や海洋組成と後生動物の共進化について紹介する。

最古の生命の痕跡

　現在、地球に残された最古の岩石はカナダ・北西部のアカスタ片麻岩体の苦鉄質岩で、およそ42億年前の年代を持つ。しかし、こ

の岩石や周囲の約40億年前の年代を持つ花崗岩質片麻岩はマグマが固化して生じた火成岩由来であるため、生命の痕跡を保持しない。一方、現存する最古の表成岩（溶岩や堆積岩）は、西グリーンランドのアキリア表成岩群で、最も古いものは38.3億年前の年代を持つ。特に、グリーンランドの主要都市であるヌークの北東約150キロにあるイスア表成岩帯は、後の時代の変成作用や変形作用の影響が比較的弱いため、初期地球の表層環境を研究するのに適しており、多くの研究がされてきた。現在、イスア表成岩帯の黒色頁岩中の炭質物が最古の生命の痕跡とされる。最近、私たちはカナダ・北東部ラブラドル地域のヌリアック表成岩類が39.5億年前以前に形成された最古の表成岩であることを発見した。そして、そのヌリアック表成岩類中の礫岩、泥質岩、炭酸塩岩から炭質物（グラファイト）を発見した（図２）。

ところで、炭素には^{12}C、^{13}Cと^{14}Cの３つの同位体が存在する。その^{14}Cは半減期が約5700年の短寿命放射性同位体であるため、地球史試料中には存在しないが、^{12}Cと^{13}Cは安定同位体であり、親核種も存在しないため時間が経過しても、その同位体比は変化しない。$\delta^{13}C \equiv \{(^{13}C/^{12}C)_{試料}/(^{13}C/^{12}C)_{標準物質} -1\} \times 1000$と定義すると、標準物質に対して$^{12}C$が多い場合、$\delta^{13}C$値は負に、$^{13}C$が多い場合は正となる。現在、海水中の重炭酸イオンはおよそ0‰の値を持つので、海洋から沈殿する炭酸塩は約0‰の値を持つ。また、流体包有物からの晶出や炭酸塩の分解など無機的に生じたグラファイトは、0～-15‰と比較的高い炭素同位体値を持つ。一方、独立栄養生物は炭素固定の際に軽い同位体を選択に同化することが知られている。そのため、独立栄養生物はその炭素固定回路に依存して、-20‰以下の低い値を持つ。ヌリアック表成岩類の堆積岩中のグラファイトは-5～-28.9‰の炭素同位体値を持つ。特に、礫岩や

泥質岩中の多くのグラファイトは $-20‰$ 以下の低い炭素同位体値を持ち、$-28.9‰$ に達するものも存在する。さらに、その同位体比は炭素含有量とは負の相関、変成度とは正の相関が見られる。変成作用時の加熱に伴う有機物の分解によって、軽い同位体（^{12}C）が選択的に失われることが知られているので、このグラファイトの初生的な $\delta^{13}C$ 値は $-28.9‰$ 以下であったと考えられる。ヌリアック表成岩中のグラファイトはこのように極めて低い $\delta^{13}C$ 値を持つことから生命由来であると考えられる。これまで38.1億年前の堆積岩中の炭質物が最古の生命の証拠とされてきたので、最近の私たちの発見はそれを1億年以上更新する。

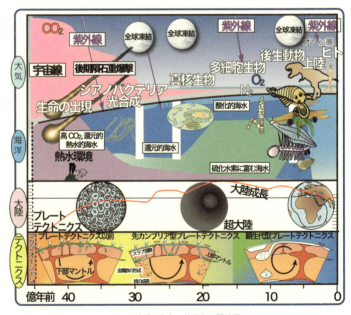

図1　地球と生命の共進化の概略図

海洋組成変動と後生動物の出現と多様化

　生命進化において、生命の起源（40億年前以前）とともに後生動物（多細胞動物）の出現と急激な多様化（カンブリア爆発）は重要な問題である。一般に、多細胞化に必要なコラーゲンの合成や代謝に多くの酸素を必要とするため、酸素の増加が後生動物の出現と進化を引き起こしたと考えられている。しかし、最近の研究では動物が生息する海洋表層では、前期原生代（24億年前）には十分な酸素が存在していたことが示され、酸素の増加が最重要条件ではないことも示唆されている。加えて、一般に海洋酸素の増加は多くの

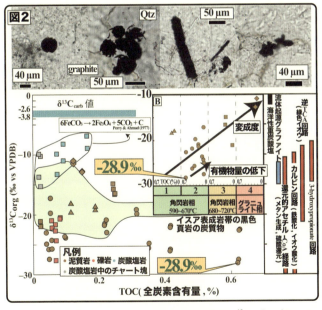

図2　現存する最古の生命の痕跡。39.5億年前の堆積岩中の^{12}Cに富むグラファイト

生命必須元素（リンや鉄等）を枯渇させるため、必ずしも酸素の増加が動物出現にとって、有利とは限らない。これまでは、この時代の生物進化は後生動物の進化とひとくくりにされてきたが、私たちは後生動物の初期進化を、後生動物の出現期と、大型化・多様化（カンブリア大爆発）期の2段階に分けて、それぞれの時期の海洋中の生命必須元素濃度の推定を行い、環境変動と生命進化との関連を探った。

　私たちは後生動物の出現からカンブリア大爆発までの海洋組成の変動を解読するために、堆積場の違い、化石の産出頻度や岩相の違

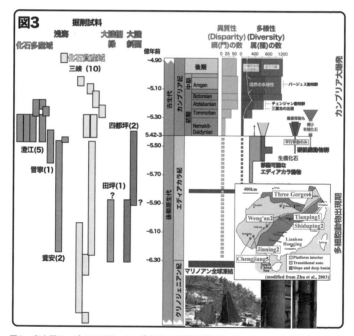

図3　南中国のエディアカラ紀〜カンブリア紀の表層環境解読に向け、21ヵ所で掘削を行った。

いを考慮して、化石が多産する浅海域、化石は少ないが表層環境を解読するのに適する炭酸塩岩や黒色頁岩を多く含む浅海域、グローバルな海洋組成を読み解くのに適する大陸斜面の3つの堆積場の地層を、化石が多く産出し、当時連続的に地層が堆積した南中国の21カ所で、掘削した（図3）。

そして、当時の海洋組成変動を読み解くために、それらの岩石試料の多元素・多同位体分析を行った（図4）。分析した元素・同位体は炭酸塩の炭素同位体比（$\delta^{13}C_{carb}$）、酸素同位体比（$\delta^{18}O \equiv \{(^{18}O/^{16}O)_{sample} / (^{18}O/^{16}O)_{standard} -1\} \times 1000$）、ストロンチウム（Sr）同位体比（$^{87}Sr/^{86}Sr$）、鉄（Fe）とマンガン（Mn）の含有量、希土類元素濃度（Ce異常）、カルシウム（Ca）同位体比（$\delta^{44/42}Ca \equiv \{(^{44}Ca/^{42}Ca)_{sample} / (^{44}Ca/^{42}Ca)_{standard} -1\} \times 1000$）とリン（P）濃度、有機炭素の炭素同位体比（$\delta^{13}Corg$）、有機窒素の窒素（N）同位体比（$\delta^{15}N \equiv \{(^{15}N/^{14}N)_{sample} / (^{15}N/^{14}N)_{standard} -1\} \times 1000$）、黒色頁岩のモリブデン（Mo）濃度とMo同位体比（$^{98}Mo/^{95}Mo$）で、それぞれ、生物活動、海水温、大陸からの供給、海水の酸化還元、海水の酸化還元、Ca濃度、P濃度、生物活動、硝酸濃度及びMo濃度と酸化還元状態の指標となる。

一般に、氷期に氷床が発達すると氷床に軽い酸素同位体が濃集するため、海洋は重い酸素同位体に濃集し、炭酸塩の酸素同位体比（$\delta^{18}O$値）は高くなる。地球表層が赤道域の海洋まで氷に覆われた6.35億年前のマリノアン全球凍結後のエディアカラ紀からカンブリア紀にかけて、炭酸塩の$\delta^{18}O$値が大きく変動していることから、海洋表層の温度が繰り返し、急激に変動していたことが分かった。全球凍結後に$\delta^{18}O$値が非常に低くなることから、全球凍結後に地球表層は急激な温度上昇を経験し、その後、寒冷になり、5.5億年前頃再び極度の高温になったと考えられる。これまで、地質学的デー

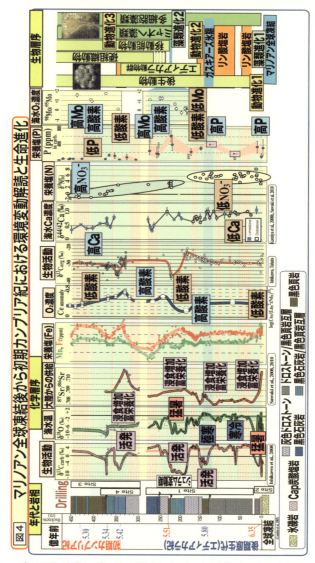

図4 エディアカラ紀〜初期カンブリア紀の掘削試料の多元素・多同位体分析の結果と生命進化の対比。

タ(氷礫岩の存在)から5.8億年前にガスキアーズ氷期があったことが示唆されてきたが、炭酸塩の酸素同位体比もそれを支持する。

その表層環境変動に関連して、海水組成や生物活動も変動したことが分かった。炭酸塩の $^{87}Sr/^{86}Sr$ 比は大陸からの供給量の指標である。大陸物質は高い $^{87}Sr/^{86}Sr$ 比を持つため、大陸からの供給量が増加した場合、海水の $^{87}Sr/^{86}Sr$ 比が高くなり、結果として海水から沈殿する炭酸塩の $^{87}Sr/^{86}Sr$ 比が高くなる。さらに、大陸からの供給物質はリン、硝酸、Ca、鉄など多くの生命必須元素に富むので、生物の一次生産を増加させる。マリノアン全球凍結直後の超温暖期に、極めて特異的に $^{87}Sr/^{86}Sr$ 同位体比が高くなるが、これは全球凍結後の超温暖化によって、風化が促進され大陸からの供給量が急激に増加したことによると思われる。また、5.8億年前のガスキアーズ氷期、5.5億年前頃のシュラム変動期、5.4億年前のエディアカラ紀─カンブリア紀境界においても、Sr同位体比が高くなるので、これらの時期に大陸からの流入が増加したと考えられる。それらすべての時期で炭酸塩の炭素同位体値($\delta^{13}C_{carb}$)が極端に低下しており、従属栄養生物の活動が活発になったことが示唆される。

一般に、希土類元素は3価のイオンとなるが、セリウム(Ce)とユウロピウム(Eu)は酸化還元状態に依存して異なる価数を持つ。前者は酸化的な環境では Ce^{3+} に比べて Ce^{4+} が卓越し、後者は地球内部のような極めて還元的な環境では Eu^{3+} に比べて Eu^{2+} に富む。Ce^{4+} は水溶液中の溶解度が極めて低く、鉄やマンガンの酸化物などに吸着され、除去される。そのため、酸化的な海水は他の希土類元素に比べてCeに乏しい。この状態はCeの負異常と呼ばれる。また、鉄やマンガンは還元的な海洋では Fe^{2+} や Mn^{2+} となるが、酸化的な海洋ではそれぞれ Fe^{3+} および Mn^{4+} となり、水溶液中の溶解度が著しく低下する。一方、Moは酸化的な海洋では溶解度の高

いMoO_4^{2-}として存在するが、還元的な海洋ではMoS_4^{2-}となり、硫化物に取り込まれるため溶解度が著しく低下する。また、リンは水溶液中ではオキソ酸イオンを形成し、鉄やマンガン酸化物が沈澱しない水溶液中では酸化還元によらず水溶性に富むが、鉄やマンガン酸化物が晶出する酸化的な条件では、鉄やマンガンの水酸化物に吸着され除去される。結果的に、酸化的な海洋は負のCe異常値と高いMo濃度を持ち、一方、還元的な海洋はP, Fe, Mnに富み、Ce異常に欠く。

　全球凍結後の海洋はCe異常が小さく、FeやMnに富むため、還元的であったと考えられる。その後、5.8億年前のガスキアーズ氷期後に一時的に酸化的になり、5.5億年前のシュラム変動期の初期に再び還元的になるが、後期以降は酸化的になり、そして、エディアカラ紀—カンブリア紀境界で、再び還元的になり、その後酸化的になるといった変遷をたどった。Caや硝酸はエディアカラ紀前期には乏しかったが、海洋が酸化的になったシュラム変動期頃から増加した。一方、リンや鉄、マンガンは海洋が還元的であったエディアカラ紀前期には富んでいたが、酸化的になったシュラム変動期に低下する。鉄やマンガンはその後増加するが、リンはエディアカラ紀—カンブリア紀境界で少し上昇するものの、低いままであったと推定される。

　生物進化と比較すると、後生動物、エディアカラ動物群、移動能動物や硬組織動物などの出現期は、大陸物質の供給量が増加する時期と一致する。特に、後生動物の出現期は海洋が比較的還元的で、リンや鉄、マンガンに富んでいた時代に対応しており、しばしば言及される海洋が酸化的になったことが後生動物の出現を引き起こしたとする仮説とは一致しない。一方、エディアカラ動物群、移動能動物や硬組織動物の出現といった後生動物の大型化や多様化は酸化

的な海洋で起きた。このように、後生動物の出現と多様化は異なる条件で起きたことがわかった。

約5.5億年前に起きた炭酸塩炭素同位体比（$\delta^{13}C_{carb}$値）が異常に低くなるイベントはシュラム変動と言われ、エディアカラ紀の特異的な環境変動の1つである。その原因として、従属栄養生物の増加に伴うCO_2の増加による温暖化などいくつかの説が挙げられているが、その原因はいまだ謎である。私たちの研究結果は、このシュラム変動期の後期に海洋の酸化やCa量、硝酸量やMo量の増加が起きたことを示す。この時代は、硬骨格動物や移動能動物、さらにはミャオヘ藻類と呼ばれる比較的高等かつ大型の多細胞藻類が産する。海洋酸素濃度とCa量の増加は、この時期に出現するカルシウムの生物鉱化作用による硬骨格生物の出現と調和的である。また、Moは窒素固定に必須なニトロゲナーゼ酵素の中核元素である。海洋の酸化に伴うMoの増加が窒素固定を促進し、海洋硝酸濃度を増加させ、それを必須とする酸素発生型光合成をする藻類の進化・大型化と繁栄をもたらし、さらに海洋中の酸素濃度を増加させるといった正のフィードバックを引き起こした。その結果、海洋中の硝酸濃度が増加する一方で、リンは酸素の増加による鉄やマンガン酸化物の堆積によって減少する。極端な海洋リン濃度の減少と硝酸濃度の上昇は、高いレッドフィールド数（N/P比）を有するバクテリアを生じさせる。結果、N/P比の高い有機物質が海洋中に溶存し、それを摂取する動物は効率的に窒素を取り込むことが可能となり、豊富な筋組織やタンパク質を持ち、高い移動能力を有するようになったと考えられる。

ところで、このような生物進化と海洋組成の共進化は、一部の動物門のみならず、多くの門で同時発生的に起こる（図5）。例えば、海綿動物は後生動物の中で最も下等であり、マリノアン全球凍結直

後に出現したとされているが、現生種では特徴的とされるケイ素や炭酸塩の骨針を、初期の種は有しなかったことが化石の証拠から示唆されている。そして、シュラム変動期に軟体動物、節足動物や環形動物などの他の動物門とともに、硬骨格を有するようになる。ま

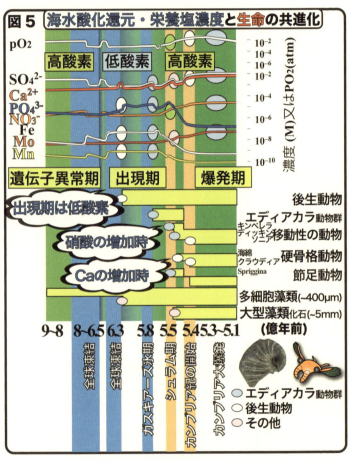

図5　9〜5.1億年前の海洋中の生命必須元素濃度の経年変化、地質イベントと生命進化の対比。

た、シュラム変動期に節足動物、軟体動物やエディアカラ動物群に移動能力を持つ種が出現する。このような環境と生物の密接かつ短期間での共進化は、それぞれの動物門の祖先生物が、化石に記録される以前に、すでに硬骨格を形成する生物鉱化作用や移動を可能とする遺伝子を有していたが、それらは発現されず、酸素濃度、Ca量や硝酸量の増加といった環境変化が起きた時に、その環境変化に呼応して、発現したことを示唆する。

これまでの多くの研究はエディアカラ紀からカンブリア紀初期に起きた後生動物の進化をひとまとめにし、酸素の増加が後生動物の出現と多様性を引きおこしたと提唱してきた。しかし、私たちの最近の研究結果は後生動物の出現は、海洋が比較的酸素に乏しく、リンや鉄などに富んでいた時期に、多様化は酸素が増加し、海洋中に硝酸やCaなどが増加した時期に起きたことを示す。そして、海洋中のCa量や硝酸量が増加した時期に、多くの動物門で同時に生物鉱化作用や移動能力が獲得されるなど、地球表層環境と生物進化の共進化が見られる。その共進化は異なる動物門で共通に、かつ短期間に起こるため、そのための遺伝子は、その進化が起きるよりずっと以前から、それらの動物門で共有されていたと考えられる。

プロフィール

小宮剛(こみや　つよし)
1972年生まれ。東京工業大学理工学研究科応用物理学専攻博士課程修了。東京大学総合文化研究科准教授。

読書案内

◇丸山茂徳・磯崎行雄『生命と地球の歴史』(岩波新書、1998年)
　＊一部新しい発見によって書き換えられてきたが、地球(特に固体地球)と生命の共進化を語るパイオニア的な本。

宇宙のかたち
―― 数学からのチャレンジ

河野俊丈

　私たちがすんでいる空間は、平面のようにどこまでも平坦に広がっているのだろうか。あるいは地球の表面のように曲がっているのだろうか。そもそも、空間が曲がっているとはどういうことなのか。それは空間の中にいても認識できることなのか。最近の幾何学の進展によって、一様に広がった空間が、全体としてどのようなかたちになりうるかという問題に対する理解が飛躍的に深まった。このような数学の視点から、宇宙のかたちに対するアプローチを紹介しよう。

地球を測る

　古代ギリシャでは、大地は球形であるということが、広く受け入れられていた。これは、船が遠方から近づくとき、まずマストから見えること、月食のときに地球の円形の影が観測できることなどが根拠となっていたようである。地球の大きさをはじめて測定したのは紀元前3世紀に生まれたエラトステネスであるといわれている。エラトステネスは、アレクサンドリアの南方数百キロにあるシエネという町で、夏至の日の正午に太陽光線が井戸の底まで照らすことを知り、同時にアレクサンドリアでの太陽の高度を測定することによって、アレクサンドリアとシエネの距離から、地球の周囲の長さ

を計算した。

エラトステネスの測定では、太陽からの平行光線という情報を用いている。また、現在では人工衛星から撮った写真をみれば、地球が球形であることが分かる。このような、地球の外からの視点を用いないで、地球上にとどまって、地球が球形であることを認識できるだろうか。球面上で、2点間の最短距離を与えるのは、大円の弧である。大円とは球の中心を通る平面と球面の交わりとして得られる曲線である。地図の上で、飛行機の航路は図1左のように、2つの都市の間の最短線を与える、いわゆる大円航路とよばれる曲線になっている。図1右のように、球面上で大円の弧を辺とする3角形を考えると、内角の和は180度よりも大きくなる。地球上の3点で、ロープをぴんと張って3角形を作ると、内角の和は180度よりも大きくなるはずである。実際には、地球上で十分に離れた2点をロープで結ぶことは困難なので、2点間を結ぶ飛行機の航路を想像していただきたい。このように球面上の幾何学では、平面上の幾何学と異なって、3角形の内角の和が180度よりも大きくなる。これは、球面上にとどまって、球面の外の情報を用いなくても認識できる情報である。

ここで、球面上の幾何学について、もう少し詳しく考察してみよう。球の半径は1として、角度は弧度法で表示する。図2のように、

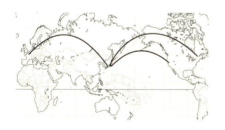

図1 大円航路と球面3角形

球面上で大円の弧を辺とする3角形を考える。球の表面積が 4π であることと、図2右の網掛けした部分の面積が 2α であることを用いて、網掛けした部分の重なりを考慮すると3角形の面積は

$$\alpha + \beta + \gamma - \pi$$

であることが示される。球面上では大円の弧を辺とする3角形の内角の和は π より大きく、その差が3角形の面積となる。

曲率とは

　空間の曲がり具合を記述する際に鍵となるのは、曲率と呼ばれる量である。ここでは、まず曲線の曲率について説明しよう。鉄道の線路ではカーブは円弧をつなぎ合わせることによって作られている。この円の半径を曲率半径と呼び R という記号で表示される。R の値が小さいほど急なカーブであるといえる。曲率 K は曲率半径 R の逆数で与えられる。直線の曲率は0であり、曲率が大きいほど曲がり具合が急である。円弧ではないような一般の曲線について曲率はどのように定めればよいだろうか。図3のように曲線上を速さ1で移動する点をとり、速度ベクトルを考える。このベクトルは長さが1で曲線に接し、点の進行方向を向いている。このベクトルを図のように始点が原点となるように平行移動すると、ベクトルの終点は単位円上を動く。このベクトルの終点が大きく動

図2　球面3角形の面積

くほど曲線の曲がり具合が大きいと考えられる。そこで曲線上の点の移動距離と、対応する速度ベクトルの終点の単位円上の移動距離の比を、曲線の曲率と定めることにする。正確には移動距離を小さくした時の、

図3　曲線の曲率

上の比の極限値をその点における曲率と呼ぶ。

　次に空間内の曲面のガウス曲率について説明しよう。図4左のように曲面上の点 p で曲面に直交するような長さ1のベクトルをとる。曲線の場合と同様に、このベクトルの始点が原点となるように平行移動すると、ベクトルの終点は原点を中心とする半径1の球面上を動く。点 p を曲面上で動かす時、ベクトルの終点が球面上で大きく動くほど曲面の曲がり具合が大きいと考えられる。点 p が小さな領域 D を動くとき、対応してベクトルの終点が球面上の領域 D' を動くとする。このとき領域 D と D' の面積比を p におけるガウス曲率と呼ぶ。ただし、上の曲面から球面への対応によって裏表が逆になるときは負号をつけることにする。図4右のように、曲面上で2点を結ぶ最短線を辺とする3角形を考えると、内角の和は、ガウス曲率が正のときは180度よりも大きく、0のときは180度、負のときは180度よりも小さくなる。

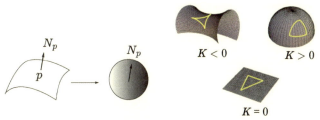

図4　曲面のガウス曲率

ユークリッド幾何学をこえて

　紀元前3、4世紀頃、ユークリッドによって書かれた「原論」では、幾何学の体系が、平面上の「点」と「直線」を出発点として、それらの間に成り立つ公理によって展開されている。ユークリッドについては詳しい生涯は明らかではないが、プトレマイオス1世の時代（紀元前323年〜283年）にアレクサンドリアで活動したといわれている。「原論」における幾何学の公理は5つの公準からなっているが、それらには、「直線はどちらの側にも限りなくのばすことができる」「2点を結ぶ直線がただ1本存在する」などが含まれている。5つの公準の中に第5公準とよばれるものがあり、それは、次のように述べられる。

　　2直線と交わる1本の直線が同じ側につくる内角の和が2直角よりも小さいならば、2直線をその側にのばせば、どこかで交わる。

　第5公準は平行線の一意存在と同値であるが、他の公準と比べると、複雑な形をしている。ここで、2直線が平行であるとは、いくらのばしても交わらないことである。第5公準は他の公準から証明できるのではないかと、長い間考えられていて、証明の試みがなされてきた。
　1820年代から30年代にかけて、ロバチェフスキーとボヤイによって、第5公準が成立しない幾何学体系が可能であることが示された。これは、三角形の内角の和が180度よりも小さい幾何学であり、このような幾何学は非ユークリッド幾何学とよばれる。

内在的な幾何学と相対論

再び、図1の世界地図にもどろう。地図には縮尺があり地図上の長さから実際の距離を再現することができる。しかしながら、図1のような世界地図では、縮尺を一定にとることはできない。地図上では北極と南極の付近が大きく引き延ばされている。地図から実際の距離を見いだすにはどのようにすればよいであろうか。そのために、地図上に座標をとり、2つの単位ベクトルの実際の地球上の長さと、その間の角度を与える。この3つの情報を「計量」とよぶ。一般の曲面でも、計量を与えることによって、曲面上の曲線の長さを計算することができる。さらに、曲面上の2点の距離をその2点を結ぶ最短の曲線の長さと定義することによって、曲面上の幾何学を展開できる。ガウスは、曲面が入っている空間の視点はすてて、曲面上の2点間の距離を与える計量から出発した幾何学を構築した。曲面の曲がり具合を表すガウス曲率は、曲面の空間内への入り方を用いて定義される。しかし、ガウスは、この曲率は、曲面の計量のみから決定されることを証明した。ガウスはこれをTheorema Egregium（驚異の定理）と呼んでいる。このようにして、曲面の計量から出発して展開される幾何学を「内在的な幾何学」とよぶ。

ガウスによって提起された内在的幾何学を、さらに一般に拡張したのがリーマンであり、その構想は、1863年のゲッティンゲン大学における就任講演「幾何学の基礎をなす仮定について」で発表される。現在、リーマン多様体とよばれる概念の誕生である。リーマン多様体は、それぞれの点のまわりでは、n個の座標関数があり、さらに曲線の長さを測ることができるような計量の概念を付加した空間である。ここでは、局所的には2点間を最短距離で結ぶ曲線として測地線が定式化される。さらに、リーマン多様体の曲がり具合

を表す、曲率の概念が定まる。最も一般的な曲率はリーマン曲率とよばれる4階のテンソルであるが、それを平均して、リッチ曲率、スカラー曲率などが定義される。

次に内在的な幾何学が物理学におよぼした影響について述べよう。アインシュタインは1905年に、論文「運動物体の電気力学について」を発表し、特殊相対論を提唱した。ここでは、光速度不変の原理、つまり、どのような座標からみても、光の速さ c は一定であるという原理が重要な役割を果たす。空間座標 (x, y, z) に、時間を表す座標 t を加えて4次元時空を考える。4次元時空において光速が不変であることは、座標をとりかえても

$$-c^2t^2 + x^2 + y^2 + z^2$$

が変わらないことと表される。

特殊相対論に現れる計量は、いわゆる不定計量であって、ベクトルの大きさの二乗が負になりうる。これはリーマンの意味の計量ではないが、不定計量においても、測地線、曲率などの概念を定式化することができる。ここで、測地線は光の経路を表す。アインシュタインは、1916年に、論文「一般相対論の基礎」を発表し、アインシュタイン方程式

$$R_{\mu\nu} - \frac{1}{2}g_{\mu\nu}R = \frac{8\pi G}{c^4}T_{\mu\nu}$$

を提唱した。ここで、添字は1から4までを動く。ここで、方程式に現れる記号の意味を詳しく説明することはできないが、左辺は、時空間の曲がり具合を表現していて、計量、リッチ曲率、スカラー曲率からなる。また、右辺の T は、物質（エネルギー）の分布を表す。アインシュタイン方程式は、物質（エネルギー）が時空の曲がりを引き起こし、また、時空の曲がりが物質（エネルギー）を生み出す

というダイナミックなメカニズムを表現している。

幾何構造のモデル

　図5のようなドーナツの表面はトーラスと呼ばれる曲面である。トーラスは空間の中では、曲率が正の点、負の点があるように見えるが、図のように平面の展開図で距離を定めると、どの点のまわりもユークリッド平面の円の内部と合同になっている。つまり、トーラスは曲率がいたるところ0になるような計量をもつ。これをトーラスのユークリッド幾何構造とよぶ。

　内在的な幾何学の視点に立つと、ある意味で仮想的と考えられていた非ユークリッド幾何学が、負の定曲率の幾何学として自然に認識される視点は、19世紀半ばのベルトラミの業績に始まる。その後、クライン、ポアンカレらによって、非ユークリッド幾何学のモデルが構成され、双曲幾何学として飛躍的に発展する。ポアンカレのモデルは半径1の円の内部に、原点からの距離が r の点では実際の長さが

$$\frac{2}{1-r^2}$$

倍になるように計量を入れたものであり、ポアンカレ円板あるいは双曲平面とよばれる。図6で、外部の円周は無限遠のかなたにあり、描かれている3角形は見かけ上、外側の方が小さく見えるが、すべ

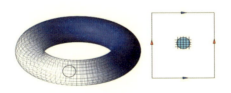

図5　トーラスのユークリッド幾何構造

ての3角形は合同である。また、この計量についての測地線は、無限遠の円周と直交する円弧である。

一方、ポアンカレは1895年から一連の論文を発表し、現在、位相幾何学とよばれる分野の基礎を築く。ここでは、空間を計量の概念から解放して、連続的に変形できるものは同一視するトポロジーという視点がもたらされた。例えば、裏表のある閉曲面は、そのトポロジーに注目すると、穴の数を表す種数によって分類される。球面は種数0の曲面、トーラスは種数1の曲面である。球面には曲率が正の一定値をとる計量が入る。また、トーラスはユークリッド幾何構造をもち、曲率がいたるところ0の平坦な計量を入れることができる。図6に示したように、種数2の曲面は、双曲平面の正8角形に展開することができて、曲率が負の一定値をとる計量が入る。

このように曲面には、球面、ユークリッド平面、双曲平面の3種類の幾何構造のモデルがあり、3角形の内角の和は、球面では180度より大きく、ユークリッド平面では180度となり、双曲平面では180度より小さくなる。これらの幾何構造を入れると、曲面上のどの点のまわりも同じ構造をもつ。このような性質を等質性という。さらに、曲面上の一点からどの方向をながめても同じ構造である。この性質は等方性とよばれる。

幾何構造の概念を用いて、1970年代から80年代にかけて、3次元空間の研究に飛躍的な発展をもたらしたのがサーストンである。

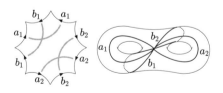

図6 ポアンカレ円板と種数2の曲面

曲面の場合と同様に、3次元でも、等方性をもつ3通りの幾何構造のモデルが存在する。それらは、3次元球面、3次元ユークリッド空間、3次元双曲空間である。それぞれ、曲率が正の一定値、0、負の一定値の空間である。ここで、3次元の空間の曲率は、断面曲率と呼ばれるもので、測地線で張られるあらゆる方向の曲面のガウス曲率を考える。図7はウィークスによるソフトウェア Curved Spaces を用いて図示した、3次元空間の3通りの幾何構造のモデルである。

サーストンは、当方性をもたない場合も含めると3次元では幾何構造のモデルは8通りに分類されることを証明した。サーストンの幾何化予想とは、任意の3次元空間はうまく分割することによって、それぞれのピースが、この8種類の幾何構造のいずれかをもつようにできるであろうというものである。サーストンの幾何化予想は、2003年頃、ペレルマンによって肯定的に解決された。さらに、幾何化予想の解決を用いて、ポアンカレ予想が解かれた。ポアンカレ予想とは「コンパクトかつ単連結な3次元多様体は3次元球面と同じトポロジーをもつ」という1904年にポアンカレによって提出された予想である。サーストンの幾何化予想の解決によって、等質性をもつ3次元空間についての研究が飛躍的に発展した。

宇宙空間の幾何構造のモデル

宇宙空間のあらゆる点に特別な位置や方向はない、つまり、等質性と等方性をもつということを仮定すると、その幾何構造のモデルとして、3次元球面、3次元ユークリッド空間、3次元双曲空間のいずれかをとることができる。

アインシュタインの方程式は4次元時空の曲がり具合を記述する

が、計量の空間部分のみをとりだすと、上の3つの幾何構造のモデルのいずれの解も存在しうる。このような形のアインシュタイン方程式の解は、ロバートソン・ウォーカー計量とよばれる。宇宙空間の幾何構造のモデルがこの3種類のどれになるかは、宇宙の物質密度 ρ と、ハッブル定数 H の間の関係によって次のようにまとめられる。ハッブル定数とは、宇宙の膨張における退行速度と距離の比を表す。

$\rho > \dfrac{3}{8\pi G} H^2$　　3次元球面幾何　　体積有限

$\rho = \dfrac{3}{8\pi G} H^2$　　3次元ユークリッド幾何　　体積は有限にも無限にもなりうる

$\rho < \dfrac{3}{8\pi G} H^2$　　3次元双曲幾何　　体積は有限にも無限にもなりうる

　上の幾何構造のモデルについて、3次元球面幾何の場合は候補となる空間は完全に分類されている。また、3次元ユークリッド幾何をモデルにもつ有限な空間は10通り存在する。3次元双曲幾何については、これをモデルとする空間は非常に多彩である。

　宇宙空間は今から約138億年前にビッグバンから出発したと考えられており、現在も加速膨張を続けていることが観測されている。宇宙空間がどの幾何構造のモデルをもつかは、実際に観測しなけれ

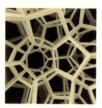
3次元球面幾何

3次元ユークリッド幾何

3次元双曲幾何

図7 3次元幾何構造のモデル

ば分からないことである。どの幾何構造のモデルをもつかによって、宇宙のたどる今後のシナリオは大きく異なる。最近WMAP衛星により、ビッグバンの残り火「マイクロ波宇宙背景放射」が観測され、宇宙のさまざまなパラメータが推定されている。その結果によると、宇宙空間の曲率は 0.02 ± 0.02 というレベルで0に近いとされている。宇宙が加速膨張を続けながら曲率が0に近い値に保たれているとすると、ハッブル定数 H が急速に大きくなりながら、宇宙の物質密度 ρ が上の等式を満たすように、同様に増え続けることになる。このメカニズムの解明は現在の宇宙論の大きな問題の1つである。

プロフィール

河野俊丈（こうの　としたけ）
1981年東京大学大学院修士課程修了、理学博士。東京大学大学院数理科学研究科教授、カブリ数物連携宇宙研究機構主任研究員。数学における幾何学の分野を研究している。理論物理学との関係にも興味を持っている。

読書案内

◇太田浩一他編『アインシュタインレクチャーズ＠駒場』（東京大学出版会、2007年）
　＊2005年に東京大学駒場キャンパスで1、2年生の学生を対象として行われた講義「アインシュタインと現代物理学」の記録などが収められている。

◇河野俊丈『曲面の幾何構造とモジュライ』（日本評論社、1997年）
　＊曲面の3種類の幾何構造である球面幾何、ユークリッド幾何、双曲幾何について解説されている。

◇小林昭七『曲線と曲面の微分幾何』（裳華房、1995年）
　＊曲線と曲面の曲率、極小曲面など、微分幾何学の基礎的な事項を微分積分の延長として学ぶことができる。

ニュートリノの小さい質量の発見

梶田隆章

弓道から物理学へ ―― 研究者への道

　今回の講義のテーマは、ニュートリノの小さい質量の発見です。講義は、次のように進めます。導入として、研究活動を始める前、自分がどんな感じだったのかということを少し紹介します。続いて、私たちがやってきたニュートリノの研究を概観したい。その際、予備知識としてニュートリノがどういうものか知っておく必要があるので、ニュートリノについても簡単に説明します。その後、私たちがやってきたこと、それは実験的、観測的な研究なんですが、研究者はこういうことをやってるんだなと理解してもらえればと思います。最後に、ニュートリノに質量があるということが分かりましたが、その意味することを皆さんと考えてみたい。

　まずこの講義は若い方が対象ということなので、若かった頃の話をしましょう。高校の時、私は、埼玉の県立川越高校にいたんですが、弓道部に入ってました。普通の高校生として部活動を楽しんで、3年生になる時に大学では理系に進学することに決めました。大学受験のとき実は最後まで結構悩んだ。いろいろ悩んだ末、物理を学ぼうと決めて、物理を学ぶ前提で大学受験しました。

　大学は埼玉大学に入りました。物理を学ぶために入ったはずが、結局、相当真面目に弓を引いてた。その一方で、物理学科に所属して、大学の物理の授業は本質を教えてくれるという意味で面白いと

も感じました。この頃、物理の魅力に惹かれていったのは確かです。

　そうは言いながらも毎日弓を引いていて、まず間違いなく勉強不足だった。反面、物理に魅力を感じていて、大学3年の後半には大学院で物理の研究をしてみたいと真剣に思うようになりました。

　実をいうと私は、大学3年生の時に弓道部で副主将でした。埼大の弓道部というのは3年生が基本的に部活の面倒をみているんですが、3年で副主将をやった男子は4年まで主将で残るという仕組みになってた。もし主将になると4年の秋の終わりまで主将をやらなくてはいけない。これをやってしまうと大学院受験はもうないと思って、相当迷惑をかけたんですが、主将を辞退してその頃から勉強に励んで大学院を受験することにしました。

　皆さんもおそらく将来、何らかの形でどちらかを選ばなければならないような時が来ます。そういう時は、やはりきちんと自分の将来だと思って選んでください。

　大学院に行くということは、単に物理を学ぶだけではなくて、将来もしかしたら研究者になるかもしれないということです。研究者になるということは、専門的な分野についての研究者になるわけだから、大学院の研究室を選ぶ時は慎重に選ぶ必要があります。

　私は素粒子や宇宙線に関心がありました。そして、たまたま東大の小柴研究室に入れていただくことになった。ただし、この頃、大学院でやっていけるのか、全く自信がなかった。こんな感じで、大学院生になって物理学の研究を始めたわけです。

　こうしていよいよ研究活動に入るのですが、私の研究の話をする前に、この後ずっと関係してくる話なのでニュートリノについて簡単に紹介しておきます。

〈未知の粒子〉への予感

そもそもニュートリノというのは、普段私たちが全く気にしないで生活できる、そういうものです。ニュートリノの存在を感じながら生活してる人はまずいない。物理学者もニュートリノがあるということを考え始めたのは、割合最近で1930年頃の話です。

まず、私たちが普段全く感じることのない存在であるニュートリノについて、その存在が必要になった理由を説明してみます。

20世紀になって、「原子核のβ崩壊」という現象が知られるようになりました。原子核はプラスの電荷を持つ陽子と電荷を持たない中性子が狭い空間にぎゅっと詰まったようなもので、そのまわりをマイナスの電子が飛び回っている。このうち、ある種の原子核は不安定で、あるとき電子を放出して別な物質の原子核になる。これがβ崩壊という現象で、例えば三重水素はヘリウム3に、炭素14は窒素14になる。このようにある粒子が自然に壊れて別な複数の粒子ができることを「崩壊する」と言うわけです。

β崩壊は、止まっている原子核が電子1個と別の物質の原子核に分かれる反応と考えられました。崩壊の後、別の原子核と電子が観測されたからです。ただ、放出されたエネルギーが崩壊ごとに異なっていて、科学者を大いに悩ませた。

ある1つのものが2つのものになる。それもその2つは、必ず電子と別な原子核と決まっている。ということは、電子のエネルギーは常に一定のはずです。崩壊の前後で、エネルギーと運動量はともに保存されていないといけない。これは物理学の基本です。

ところが実際に測ってみると、予想とは違って、一定のある値が測られるのではなく、どうも連続的になっている。なぜなのか。もしかしたらこの反応ではエネルギーが保存されていないのではない

かという学説もあったそうです。

　そうした状況下、ヴォルフガング・パウリという人が、エネルギーの保存則を破っていると考えるよりも、原子核は電子と別な原子核に壊れるのではなく、もう1つ未知の粒子が出ているのではないかと提起しました。この未知の粒子は観測されないので、私たちは原子核のβ崩壊では電子と別な原子核になっていると思っているけど、未知の粒子も同時に出ていてこれがエネルギーの一部を持ち去ると思えば電子のエネルギーが連続的な分布になっているのを説明できると言った。こうして1930年以降、もしかしたらニュートリノという知らない粒子があるのではないかと考えられ始めました。ニュートリノが実際に見つかった話はここではしませんが、1950年代後半にニュートリノが存在することが分かりました。

ニュートリノとは何か

　さて、ニュートリノがどういう粒子か簡単に知っておいてもらおうと思います。まずニュートリノは素粒子の一種です。それから、どういう素粒子かがポイントで、電子から電荷と質量を除いたような、そういう粒子です。

　電子と比較してみましょう。電子は原子核のまわりを回っています。なんで回っているかというと原子核がプラスの電荷を持っていて、電子がマイナスの電荷を持っているので引き合っているというイメージです。

　もしニュートリノが原子核のそばに来た場合を考えます。ニュートリノは電荷を持っていないので原子核と引き合ったり反発したりしません。ということは、原子核の近くに来ても単に通り抜けていく、そういうことが予想されます。実際そうです。単に原子核1

個を通り抜けていくだけでなく、実は地球も通り抜けていくし、計算してみると、今日の話で取り上げるくらいのエネルギーを持ったニュートリノになると、ニュートリノを止めようと思うとだいたい地球1万個くらい並べてあげないと止まらない。そのくらいなんでも通り抜けてしまう。

そうは言っても必ず通り抜けてしまうなら、私たちはニュートリノのことを研究できない。ただ、ありがたいことに、地球1万個くらい通るうちにどこかで1回、何かとぶつかってくれる。そのくらい稀だけれど、どこかでぶつかってくれるので私たちはその瞬間を捉えて、ニュートリノの研究をすることができるわけです。

さて、これからの講義に関係して、次のことを確認しておきましょう。まず第一に、ニュートリノには3種類あります。それだけ知っておいてもらえれば大丈夫です。そして時々、「電子ニュートリノ」、「ミューニュートリノ」、「タウニュートリノ」という言葉を使いますけど、それは3種類のうちの1つなんだなと理解してください。

第二に、ニュートリノは今までの理論では質量はないとされてきました。ただ、研究者はいろんなことを疑ってかかります。また、そうする必要があります。だから理論では質量がないとされてきましたけれども、本当に質量はないのかということについてはずっと調べられてきました。そして、最近ついに質量があることが分かりました。以上、導入的なことを言いました。これから、私たちがやってきた実験的、観測的な研究について話しましょう。

原初の宇宙と陽子の寿命——「素粒子の大統一理論」

私が最初に関わった実験は「カミオカンデ」という実験です。まずこのカミオカンデについて触れましょう。実はこの実験はニュー

トリノ研究を目的としたものではありませんでした。

　今から40年前、1970年代に素粒子の力の統一を予言する「素粒子の大統一理論」が提唱されました。素粒子の間に働く力は重力を除いて3つあります（「弱い力」・「強い力」・「電磁力」）。この3つの力は、強さや性質が大きく異なる。しかし、大統一理論によれば、この3つの力は、宇宙が始まったビッグバンの超高温・超高エネルギーの時代には同じ1つの力で、宇宙が冷えるにしたがって3つに分化していったというのです。これは、素粒子研究をしている人間にとって刺激的な理論でした。科学者はなるべく少ない自然法則でできるだけ多くのことを説明したい。そういう意味で全く違ってみえる素粒子の3つの力を統一して記述するということは極めて大切なことです。

　この理論はまた、必然的な帰結ではありますが、陽子がだいたい10^{30}年で崩壊することも予言した。10^{30}年はどのくらいの長さかピンと来ますか？　宇宙の年齢は138億年なので、だいたい10^{10}年。したがって予言された陽子の寿命は宇宙の現在の年齢の100億倍の100億倍くらいということになります。そのくらいの長い寿命で陽子が壊れるんじゃないかと予言された。

　もちろん、これは普段の生活で全く気にする必要はありませんが、陽子がもし壊れると、それは素粒子間に働く力が統一されている証拠になるので、ものすごく重要なわけです。そういうことで、世界中で1980年代の初め頃から陽子の崩壊を探すという実験が始まりました。その1つが神岡で行われた「カミオカンデ」という実験でした。

IV　宇宙の根源を問う

カミオカンデの頃

　この実験装置は、直径16メートル、高さ16メートルの水タンクを擁して、3000トンの水を入れ、タンクに入れた水の中の陽子が壊れるか観測するものです（図1）。陽子が壊れると2つあるいは3つの粒子が飛び出、その瞬間に光が出ます。その光を捉えようというわけです。そのため、この装置では3000トンのタンクの内側に、側面も上面も底面も光検出器をびっしりと設置しました。場所は、岐阜県の神岡町で、富山とのまさに県境にあります。なぜここで実験をやったか。それは当時ここに鉱山があったからです。鉱山があるということは、地下深くまで行けます。私たちは、この鉱山の地下にカミオカンデの装置を建設することになりました。

　図2は、カミオカンデをつくっている、ある朝撮った集合写真です。1983年の春のことでした。このくらいの人数が毎日、鉱山の入り口からトロッコに乗って、地下に潜って建設するという感じでした。真ん中、前方に写っているのが小柴昌俊先生で、私が大学院生だった時の指導教員です。先生はこのカミオカンデの実験で超新星ニュートリノを捉えたことによりノーベル物理学賞を受賞されています。私たちのユニフォームは、ヘルメットと長靴と作業着。これらを着て鉱山のトロッコで鉱山の人たちと一緒に地下に入って、そこから歩いて建設現場へ行く、そんな

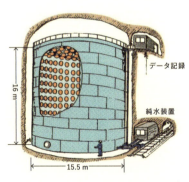

図1　カミオカンデ（東京大学宇宙線研究所提供）

毎日でした。

　こうしたことを大学院の博士課程1年の春、数カ月間やっていました。そしてこの年の7月に実験が始まります。当時を思い返すと、カミオカンデの準備研究から始まり、カミオカンデをつくること自体が本当に楽しく、またこういうことをやって、この装置から出るデータを使って研究することで物理の発展へ貢献できると思うと、本当にやりがいを感じました。このカミオカンデという実験が私の性分に非常に合っていて、この実験に出会えたことが本当に幸運だった。この実験が非常に面白く、最終的にこの頃、本気で研究者になろうと考えるようになりました。

邪魔者だったニュートリノ

　カミオカンデは陽子の崩壊を探すということで始められたものです。1983年7月からデータが出てきたので、一生懸命データ解析を行いましたが、データの中に陽子の崩壊は見つかりません。見えたのは陽子の崩壊ではなくて、陽子の崩壊を探す時に最も気をつけ

図2　カミオカンデ建設メンバー（東京大学宇宙線研究所提供）

なくてはいけないバックグラウンド、あるいはノイズ、すなわちニュートリノでした。

ニュートリノは、いろんなところでつくられるのですが、私たちが気にしなければいけないニュートリノは、地球の大気でつくられるニュートリノです。このニュートリノはどのようにつくられるのか。私たちはもちろん感じませんが、地球には常に宇宙線が降り注いでいます。宇宙線とは何かというと、エネルギーの高い陽子、あるいはヘリウムの原子核、さらには鉄の原子核。このようなエネルギーの高い粒子が常に地球に降り注いでいる。これらを宇宙線と言います。

それが地球の大気に入ってくると大気分子の原子核とぶつかって、いわゆる素粒子反応が起き、多くの場合、パイオンあるいはπ中間子ができる。このパイオンあるいはπ中間子は不安定で、すぐ別の粒子に壊れますが、この過程でニュートリノができる。これがカミオカンデに降ってきて、もちろんほとんどはそのまま通過していきますが、なかにはカミオカンデの中で水中の原子核とぶつかってニュートリノ反応を起こすことがあります。これが陽子崩壊を探すときの邪魔者でした。

したがってこの邪魔者をきちんと理解して、陽子崩壊の信号を探さねばならないわけです。私は、陽子崩壊を探すということで1986年春に博士号を取得しました。博士論文を書きながら、もう少しデータ解析を頑張れば、陽子崩壊の信号と欲しくない大気ニュートリノのノイズの区別がよくなるだろうなどと考えていました。そのため、博士論文を提出するとすぐに解析ソフトの改良を始めました。

大気ニュートリノ（ミューニュートリノ）が足りない！

こんなことをやりました。図3はカミオカンデで観測されたデータです。左のデータは、水中で電子が走った時のパターンで、右は別な素粒子ミューオンという、皆さんがあまり聞いたことのない粒子が走った時のパターンです。微妙にパターンが違います。このパターンの違いを利用して、水中で電子が走ったのかミューオンという別な粒子が走ったのか区別することを新しい解析ソフトウェアで挑戦しました。

開発には相当時間がかかりました。しかも完成しても、このようなソフトウェアにはどこにどのようなバグがあるか分からないので、いろいろチェックする必要があります。ということで、いろんな形でこのソフトウェアがきちんと動くかどうかチェックしたんですが、そのチェックの一環として、今までカミオカンデで集めていたニュートリノのデータを使って、ソフトウェアがきちんと動くか試しました。

すると予想外のことが起こりました。カミオカンデで集めていた

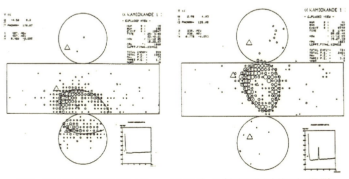

図3　カミオカンデで観測された大気ニュートリノのデータ（東京大学宇宙線研究所提供）

データの中では、ミューニュートリノのパターンが予想より相当少ないことが偶然見つかりました。この時はソフトウェアがちゃんと動くかどうかテストしていたんですから、これはソフトウェアがまともに動いていないことになります。というわけで、なぜきちんとソフトウェアが動かないんだろう、どこに間違いがあるんだろうと、いろいろと確認することになります。

このように間違い探しをやり始めました。このソフトウェアだけに限らず、とにかくカミオカンデの解析では何か間違えていそうだというので1年くらいかけて調べました。しかし結局1年かけても間違いは見つからない。それくらいやると、これは解析の間違いではなくて、なにか〈事実〉ではないかと思えるようになり論文にすることにしました。

論文というと難しいことが書かれていそうなイメージがあると思われますが、観測の論文というのは、そうでない場合もあります。この論文で書いたことは、観測したミューニュートリノの数と観測した電子ニュートリノの数、そして予想されていたミューニュートリノの数と電子ニュートリノの数でした。それらを見ると、ミューニュートリノの観測データが予想に比べてずいぶん少ない。基本的にこれだけを報告した論文です。

もちろん、なぜこのようなデータになったのかが問題になるわけですが、残念ながらこの段階ではいろいろな可能性が考えられて、何が原因か分かりません。ともかくこのようなデータが得られたということを世界に報告したのです。

当時を思い返すと、このデータは、世界的に評判が悪かった。「こんなことはありえない」というような反応でした。評判は悪かったのですが、一方で私たちは1年かけて、相当しっかりと間違いがないか調べていたのでデータの問題ではないと思ってました。なにか

意味しているものがある、そういう思いで、私としてはなぜこうなっているのか調べることが重要だと思いました。そして、このデータの謎を解明することに専念することにしたんです。それまで、私は陽子の崩壊を探していたんですが、ここできっぱりやめました。

評判が悪かったと言いましたが、一方で、研究者としてはこの頃が一番楽しかった。何が起こっているか分からないけれど、ともかく何かが起こっていそうなので、その謎を解き明かそうという、そういう一種のわくわく感がありました。何が起こっているのかという点では、この時点のこのデータだけでは全く分からなかった。ただ当初から可能性の1つとして、あくまで可能性の1つですが、考えていたのは「ニュートリノ振動」という現象です。

不足が「ニュートリノ振動」によるなら……

ニュートリノ振動は今からもう50年以上前から理論的に言われていたことです。もしニュートリノが質量を持つならば、ニュートリノが飛んでいる間にタイプを変えるということが理論的に予言されていました。例えば、ミューニュートリノとして生まれたものが飛んでいる間にいつのまにかタウニュートリノに変わり、さらに飛んでいるとミューニュートリノに戻り、さらに飛んでいるとまたタウニュートリノになるということが起こるんじゃないかと言われていたわけです。これを「ニュートリノ振動」といいます。

ニュートリノ振動によってミューニュートリノの一部がタウニュートリノになっていればミューニュートリノの数が減ります。そのため、観測されたデータのうちミューニュートリノの数が少ないということは、もしかしたらニュートリノ振動ではないかということは、あくまで可能性の1つとして当初から頭の隅にはありまし

た。

　今後の講義のためにちょっとだけ言っておくと、ニュートリノが別の種類のニュートリノに変わる距離はニュートリノの質量がより小さければ小さいほど長くなります。ということは、ニュートリノがどのくらいの距離を飛んで別のニュートリノになったかということが分かると、そのデータからニュートリノの質量が分かるという仕組みになります。そういうわけで、あくまで可能性の1つだけれど、ニュートリノ振動を忘れてはいけないと当初から思っていました。

　しかし、最初のデータだけでは、ニュートリノ振動と他の可能性とを区別することは全くできません。どうにかしてニュートリノ振動なのか、それともなにか全く別なことが起こっているのかを調べたい。なんらかのデータで区別したいという思いがありました。そのような思いから、次のようなことを考えたわけです。

　今問題にしているニュートリノは地球の大気でつくられていますが、大気はもちろん地球のどこにもある。したがって地球のありとあらゆる場所の大気でニュートリノはつくられている。すると、私たちの頭上でもニュートリノはつくられているわけですが、そこでつくられたニュートリノは、すぐに測定器まで飛んでくる。したがってニュートリノ振動している暇はないのではないか。

　一方、地球の反対側でもニュートリノはつくられる。ニュートリノは地球くらいは遮られることなく飛んでくるので、地球の反対でつくられたニュートリノはだいたい1万キロくらい飛んでくる。ということはずいぶん長い距離飛ぶので、もしかしたらその間にニュートリノ振動するのではないか。

　そのように考えると、下向き、つまり上でつくられたニュートリノはそのまま飛んでくるけれど、地球の反対側でつくられたニュートリノはニュートリノ振動で減っているかもしれない。上向きと下

向きで違いが見えれば、これはニュートリノ振動だといえるのではないか。このようなことは実はすぐ思いつきます。実際にカミオカンデでも調べましたが、カミオカンデの測定器というのは、たった3000トンしかなくて小さすぎた。ニュートリノの数が足りなかった。もっと大きい測定器が必要でした。それが「スーパーカミオカンデ」だったわけです。

スーパーカミオカンデとニュートリノ振動の発見

スーパーカミオカンデは、直径約40メートル、高さ約40メートルという巨大なニュートリノ測定器です（図4）。これを地下1000メートルにつくり、ニュートリノを観測し続けました。これは当初から国際共同研究で、現在は10カ国からだいたい160人の研究者が参加しています。

スーパーカミオカンデは1991年に建設予算が認められました。まずはこの装置を入れる巨大な地下空洞を掘るところから始めました。そして1992年には、アメリカでカミオカンデと同じような装置で実験していたグループがスーパーカミオカンデに入りました。

図4　スーパーカミオカンデ（東京大学宇宙線研究所提供）

今は国際共同研究が当たり前ですが、それを最初から始めたということでスーパーカミオカンデ実験グループのなかにも、最初からこれは国際共同実験なんだという考えが根付きました。

1996年1月には新たな装置に注水する段階に入りました。図5はその時に撮った写真です。スーパーカミオカンデの上から下を覗いて撮ってます。この装置は、前のカミオカンデで培った経験もあり、最初から非常にうまく動いて、ニュートリノデータが実験開始当初からきちんと集められた。このようなデータを皆で手分けしながらいろいろな解析をすることになります。

データは大量で、かつ、きちんとした解析をやらないといけないので、だいたい100人の共同研究者がいろいろ手分けをして共同で解析するという形で進められました。そういう甲斐もあって、だいたい2年でデータ解析が一通り終わり、最初のとりまとめができて報告することができました。

図6の左図は1998年のニュートリノ国際会議で発表した際のスライドのコピーです。これがその時に報告した結果の一番重要な部分です。なぜ重要なのかを図6の右図で説明しましょう。とりわけ

図5　スーパーカミオカンデへの純水の注水（東京大学宇宙線研究所提供）

右図の下側が重要です。これはミューニュートリノについて、そのミューニュートリノがどこから来たか、上からか（図の横軸の1）横からか（同0）下からか（同−1）、すなわち方向分布を書いています。

それを見ると、地球の反対側から来たニュートリノのデータは予想値のほぼ半分だということが明確に分かります。これが何を意味しているかというと、地球の反対側で生まれたミューニュートリノは途中でタウニュートリノに変わり、またミューニュートリノに戻り、タウニュートリノになり、というのを繰り返していて、結局ミューニュートリノとしてスーパーカミオカンデに入ってくるのは半分だということを意味しています。これはニュートリノ振動だということになります。

ニュートリノ振動研究の現状

このデータをもって世界の研究者にニュートリノ振動を認めてもらいました。私自身はこの時、本当に世の中に認めてもらえて嬉し

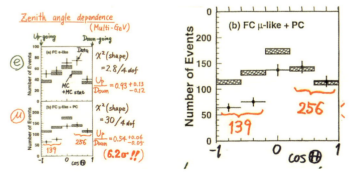

図6　ニュートリノ国際会議のスライド（左）。左図の下側の図を右図に拡大した（東京大学宇宙線研究所提供）

かったんですが、一方で10年間認めてもらえなかったので、ここで一気に認めてもらえたということは、正直に言うと少しびっくりしました。さらに驚いたことに、この報告をしてすぐ、当時のクリントン米大統領がマサチューセッツ工科大学の卒業式の演説で私たちの結果を引用してくれました。

　こうしてニュートリノ振動は1998年に発見されました。実はニュートリノに3種類ありますので、ニュートリノ振動も簡単にいうと3種類あります。それについて少しだけ触れておきます。

　実は約50年前からニュートリノはおかしいという報告が、全く別なところでありました。太陽ニュートリノです。今から50年前、世界で最初の太陽ニュートリノ実験が行われました。実験したのは、レイリー・デイヴィス・ジュニアの率いるグループです。彼らは600トンの測定器で太陽ニュートリノを世界で初めて観測しました。

　すると、観測できた太陽ニュートリノの数が予想のだいたい3分の1しかなかった。これはいったいなぜなのか。これが昔、研究者を悩ませた「太陽ニュートリノ問題」です。ちなみに、レイリー・デイヴィス・ジュニアは世界で初めてきちんと太陽ニュートリノを捉えたので、2002年に小柴先生とともにノーベル物理学賞を受賞しています。

　この問題は今世紀になってニュートリノ振動だったとその理由が明確に分かりました。それを実証したのが、カナダで行われたSNO（スノー）という実験です。この実験は、1000トンの重水を巨大なフラスコのようなところに入れて、そこで起こるニュートリノ反応を観測しました。この実験のすごいところは、太陽から来る電子ニュートリノはどれだけかを測ることができ、かつ種類によらず、太陽からどれだけニュートリノが来ているかを測ることができ

ることです。

　実験してみたところ、電子ニュートリノだけ測ると予想の3分の1、ニュートリノの種類にかかわらず、どれだけニュートリノが来ているかを測ると予想通り来ていることが判明しました。太陽は電子ニュートリノしか生まないので、これはまさに太陽から地球に来る間のどこかで、ニュートリノの3分の2が電子ニュートリノから別のニュートリノになっていると言っています。つまりニュートリノ振動だというわけです。この実験をリードしてきたアート・マクドナルドさんは2015年のノーベル物理学賞を受賞しています。

　さらに残った1種類のニュートリノ振動も、ここ5、6年の間に明確に測定されました。このように、現在はニュートリノ振動の全体像が見えてきたという段階です。ところで、今までニュートリノ振動があった、そしてニュートリノに質量があることが分かったと言ってきたんですが、でもナイーヴな疑問として、電子だって、クォークだって質量はあるし、ニュートリノに質量があっても別に不思議はないと思うかもしれません。ニュートリノの質量がなぜそんなに重要なのか、これについて最後に考えてみましょう。

宇宙誕生の謎とニュートリノ

　図7は電子やクォークの質量を示しています。電子の仲間が3種類あるので、下から1、2、3。それからクォークの仲間もプラス3分の2の電荷を持ったものとマイナス3分の1の電荷を持ったもの、それぞれ3つずついるので、3個ずつプロットしてあります。

　もちろんニュートリノも3種類です。ということで、ニュートリノの質量をここに書き込んでみます。ここで、第3世代のニュートリノが一番重いと仮定します。すると、ニュートリノの質量はこの

あたりです。

横軸が質量ですが、少し気をつけてもらいたいのは目盛りです。ひと目盛りは100倍になっています。つまりふた目盛り離れると1万倍、3目盛り離れると100万倍です。ずいぶん離れています。だいたいニュートリノの質量は、クォークとか電子の仲間に比べると10桁かそれ以上軽い。

10桁というとピンと来ないけど、要は100億倍以上軽いというわけです。全く違う。非常に軽い。これが多分重要で、この非常に小さいニュートリノの質量が、素粒子の世界、あるいは宇宙をよりよく理解する鍵ではないかと考えられています。

宇宙の銀河はすべて物質でできています。反物質の銀河はありません。でも一方、宇宙はビッグバンで生まれたということを私たちは知っています。ビッグバンの時は、どのような時かというと、非常に熱い宇宙です。その非常に熱い宇宙で何が起こっていたかというと、粒子と反粒子が一緒に生まれ、あるいは粒子と反粒子が出会うと消えて光になる。そういうことが繰り返されていた宇宙です。

ビッグバンの非常に熱い宇宙では、粒子と反粒子の数は同じだったはずです。でも冷えたら、全部が物質だというわけです。なぜだろう。このことについてはある意味分かっていて、宇宙のはじまり

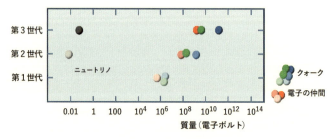

図7　ニュートリノの質量。電子やクォークと比べて約10桁軽い

のビッグバンの頃には、例えば物質粒子が 10 億 1 だった。一方で反物質の粒子は 10 億だった。宇宙は冷えるにしたがって物質粒子と反物質粒子がぶつかると消えて光になった。今の宇宙は 10 億 1 の「1」が残って、銀河をつくっているというわけです。

　これはある意味分かっている。だけど本質的に答えているとは言えない。なぜ最初の物質の量が 10 億 1 だったのか。なぜそこに「1」が余計にあったか答えない限り、問題をすり替えているだけです。なぜ「1」があったかという問題は答えが分かっていないんですが、もしかすると非常に小さい質量を持つニュートリノ、その物理が関係しているんじゃないかということが、今真剣に考えられています。

　このように、ニュートリノの小さい質量は、もしかしたら私たちの宇宙のこと、本質的な宇宙の成り立ちに関係しているかもしれないと思われています。

　今日はどうもありがとうございました。

プロフィール

梶田隆章（かじた　たかあき）
1959 年生まれ。埼玉大学理学部卒業。東京大学大学院理学系研究科博士課程修了。史上初めて、銀河系外から飛来した「超新星ニュートリノ」を観測したカミオカンデ実験、それまで質量ゼロと考えられてきたニュートリノに質量があることを明らかにしたスーパーカミオカンデ実験に参加。1999 年仁科記念賞、2010 年第 1 回戸塚洋二賞、2012 年日本学士院賞受賞。2015 年文化勲章受章。2015 年、「ニュートリノ質量の存在を示すニュートリノ振動の発見」により、アーサー・B・マクドナルドとともに、ノーベル物理学賞受賞。現在、東京大学宇宙線研究所所長。

読書案内

◇梶田隆章『ニュートリノで探る宇宙と素粒子』（平凡社、2015 年）

あとがき

東京大学教養学部社会連携委員長　松田良一

　本書は、東京大学教養学部主催・生産技術研究所共催の「高校生のための金曜特別講座」で 2014 年度から 2017 年度までに講師をしてくださった先生方にお願いし、新たに寄稿していただいたものです。この講座では、研究のエッセンスと各講師自身の高校生時代から現在に至るまでの個人史をお話しし、学問の面白さ、重要さ、それに何よりもそのワクワク感を伝え、高校生のみなさんの進路選択の一助になればと、2002 年から続けています。東京・渋谷に近い駒場キャンパスの会場では、高校生だけでなく一般市民も多数受講しており、2004 年からはインターネットを使って、講座の模様を中・四国の高校にも同時双方向で配信する取り組みを始めました。現在では日本マイクロソフト社の協力で Skype for Business を用い、北海道から沖縄まで最大 250 校に配信できる体制を備えています。配信先の高校の先生方からは、高校生たちがネットを介して講師に直接質問し回答を聞けること、地理的に離れた高校生からの質問を聞けることが、とても良い刺激にもなっていると聞き、我々の励みにもなっています。

　この講座は現在、マスミューチュアル生命保険株式会社からのご寄附をいただき、PC 等ネット機材や消耗品の調達やティーチング・アシスタントとして数名の東大の学部生や大学院生を雇用して運営

しております。同社には心より感謝申し上げます。

　また、ご多忙の中、本講座で講師をお務めいただき、本書のためにご寄稿いただいた先生方に深く感謝いたします。この講座の執行母体である教養学部社会連携委員会の委員の皆様、講座の運営に携わってくださった東大教養学部助教の加藤俊英博士、長田洋輔博士、准教授の新井宗仁博士、ティーチング・アシスタントとして働いてくださった多くの学生さんたち、映像の記録には共通技術室の野谷昭男様、教室の確保には教務企画係長の二宮宣明様にもお世話になりました。講座をサポートして下さった東大教養学部と生産技術研究所の執行部の皆様にもお礼を申し上げます。

　これまで、この金曜特別講座をもとにした書籍を『16歳からの東大冒険講座』(全3巻、培風館)、『東大授業ライブ』(全6巻、東京大学出版会)として刊行してまいりました。昨年には、何とその中の2冊が中国語に翻訳され、中国国内でも刊行されました。今回は白水社から、高校生に限らず、さらに広く一般の読者の皆様にも受け入れられるようにと題名と体裁を刷新し『知のフィールドガイド』として刊行することといたしました。この講座のような試みが日本と中国の若者たちを inspire できれば望外の幸せです。

ネット配信は随時受け付けておりますので、ご希望の高校や教育委員会があれば、金曜特別講座事務局までメールにてご連絡ください。講座プログラムは以下 URL でご覧いただけます。

high-school@komex.c.u-tokyo.ac.jp（金曜特別講座事務局）
http://high-school.c.u-tokyo.ac.jp/index.html

知のフィールドガイド
科学の最前線を歩く

2017年 7 月15日　印刷
2017年 8 月10日　発行

編　者 ©　　東京大学教養学部
発行者　　及 川 直 志
印刷・製本　　図書印刷株式会社

発行所　101-0052東京都千代田区神田小川町3の24
　　　　電話 03-3291-7811（営業部），7821（編集部）　　株式会社白水社
　　　　http://www.hakusuisha.co.jp
　　　　乱丁・落丁本は、送料小社負担にてお取り替えいたします。

振替 00190-5-33228　　　　Printed in Japan

ISBN978-4-560-09563-8

▷本書のスキャン、デジタル化等の無断複製は著作権法上での例外を除き禁じられています。本書を代行業者等の第三者に依頼してスキャンやデジタル化することはたとえ個人や家庭内での利用であっても著作権法上認められていません。

言葉から社会を考える

この時代に〈他者〉とどう向き合うか

東京外国語大学言語文化学部 編

あらゆるものが国境を越えて移動する今日、未知なるもの、異質なものとの遭遇は避けられない。それは時に幸せな出会いとなり、時に恐ろしい衝突や摩擦を生む。移民が溢れテロが頻発する時代に、〈他者〉とどう向き合うべきか。この問いを突きつけられたとき、我々は背景にある文化、そしてその核となる言語の存在を改めて実感するだろう。

本書は、東京外国語大学で専攻される27言語それぞれの視点から、この問いを捉えなおす試みである。浮かび上がる問題は歴史、宗教、政治、経済など多岐にわたり、我々に〈多様性〉についての再考を迫る。言語を取り巻く視線は、どこに立脚しているのか？ 英語や地域共通語と母語の狭間で、日常の言葉はどう語られるのか？ 社会的優位性をもたぬ言語をいかに保持するのか？ また、〈外国語〉と国家、個人の関わりについて討議した座談会「言語と文化の多様性を生きる」を収録。

グローバル化の進んだ社会では、ひとつの地域にいくつもの文化が複雑に共生している。異文化が身近になる一方、各地で内向的・排外的なふるまいも目立つ。世界が流動性を増すなか、何に眼を向け、いかに学ぶべきか。いま立ち止まって考える。